公共图书馆网络政府信息编目

萨 蕾 著

国家圖書館出版社
National Library of China Publishing House

图书在版编目(CIP)数据

公共图书馆网络政府信息编目/萨蕾著. --北京:国家图书馆出版社,2015.7
ISBN 978 - 7 - 5013 - 5637 - 9

Ⅰ.①公…　Ⅱ.①萨…　Ⅲ.①电子政务—信息资源—图书编目
Ⅳ.①G254.3

中国版本图书馆 CIP 数据核字(2015)第 156044 号

书　　名	公共图书馆网络政府信息编目	
著　　者	萨　蕾　著	
责任编辑	金丽萍　　王炳乾	

出　　版　国家图书馆出版社(100034　北京市西城区文津街 7 号)
　　　　　(原书目文献出版社　北京图书馆出版社)
发　　行　010 - 66114536　66126153　66151313　66175620
　　　　　66121706(传真),66126156(门市部)
E-mail　btsfxb@ nlc. gov. cn(邮购)
Website　www.nlcpress.com ——→投稿中心
经　　销　新华书店
印　　装　北京华艺斋古籍印务有限责任公司
版　　次　2015 年 7 月第 1 版　2015 年 7 月第 1 次印刷

开　　本　787×1092(毫米)　1/16
印　　张　8.5
字　　数　100 千字

书　　号　ISBN 978 - 7 - 5013 - 5637 - 9
定　　价　48.00 元

前　言

2008年5月1日实施的《中华人民共和国政府信息公开条例》规定各级公共图书馆是政府公开信息的查阅场所。这一条例将公共图书馆正式纳入政府信息服务体系,使其成为公众获取政府信息的窗口。该条例的施行赋予公共图书馆作为政府信息公开查阅点的社会职责,使公共图书馆与日渐信息化和网络化的现代社会联系更加密切。这对公共图书馆来说,无疑是拓展服务领域、扩大社会影响、提升政府重视程度、改善自身服务条件的一个重大机遇。

为快速推动政府信息公开的发展,履行公共图书馆在政府信息公开中的职能,并引领国内公共图书馆政府信息服务工作,国家图书馆于2008年专门启动了政府信息整合服务项目,并于2009年4月30日推出中国政府公开信息整合服务平台。

实践证明:政府信息来源广泛、类型复杂且数量巨大,单馆作业根本无法完成对所有政府公开信息的整合服务。而且,大多数公共图书馆都有开展政府公开信息服务的需求,但都对政府信息管理缺少经验,没有成熟的业务模型和管理流程。因此,公共图书馆界需要开展联合共建,共同解决这项新业务的相关问题。

2011年,文化部、财政部联合印发《关于实施"数字图书馆推广工程"的通知》,决定于"十二五"期间在全国实施数字图书馆推广工程。2012年9月,文化部正式下文(见文公共发〔2012〕33号),以文件的形式进一步明确中国政府公开信息整合服务平台为我国省级公共图书馆必配的系统平台。到2014年年初,副省级以上公共图书馆都建成了中国政府公开信息整合服务平台的分站,共完成49个分站。

为保障项目的可持续性发展,2013年,政府信息资源的建设被纳入推广工程资源联合建设项目中,由中央转移支付经费支持,各省馆开展相应的资源建设工作。随着资源联建工作的快速开展,2014年每个省新增加30%的市级图书馆参与该项目的联建工作,即共建的成员由2013年的30家扩充为147家。

网络政府信息类型多样、情况复杂,因此,随着资源量的增加、建设成员的扩展,对资源建设标准化、规范化的要求日益凸显,迫切需要出台系统的政府信息编目规则,以更好地实现元数据的利用与交换,这是本书创作的初衷。

本书是在参考DC元数据术语集、DC抽象模型和DC应用纲要,以及国家数字图书馆工程标准规范成果的基础上,同时结合网络政府信息的特点制定的。编目规则主要内容包括各元数据字段的定义、著录内容和相关的解释说明,同时,归纳总结了资源著录的各种情况及常见问题。为了更便于对编目规则的理解,本书同时提供了编目实例,这些实例均为真实的网络政府信息,按政府信息的不同体裁和公文种类进行了归纳,每类分别选取具有代表性的资源,做成样例数据。编目规则和实例相辅相成,使编目人员可以快速准确地理解编目规则。

本书得以完成,感谢各省级、副省级公共图书馆同仁的支持和协助;感谢国家图书馆各位领导的支持与帮助;感谢国家图书馆推广工程培训与资源建设组梁蕙玮、郭炯、汪静、李云龙、韩萌、苏宾、孟然的辛勤付出;感谢国家图书馆出版社编辑的细致审核。正是在各方的支持、指导、帮助和参与下,本书才得以顺利出版。

由于政府信息资源涉及面广,且公共图书馆开展政府信息资源联合建设工作的时间还不长,受研究能力与研究时间所限,有些问题研究得还不够全面与深入,对于错误与疏漏之处,敬请各位专家学者及图书馆同仁不吝赐教。

萨 蕾

2015 年 5 月

目　录

第一部分　综述

政府信息资源是指一切产生于政府内部或虽然产生于政府外部但对政府活动有影响的信息的统称①。包括政府为履行管理国家行政事务的职责而采集、加工、使用的信息资源；政府部门在业务过程中产生和生成的信息资源；由政府投资建设的信息资源以及由政府部门直接管理的信息资源②。政府信息表现形式多种多样，从政策、法规、公告、统计到事件调查、民意反馈等，无不涉及政府信息，且政府信息涵盖面非常广泛，上至国家发展规划，下到公众衣食住行，可以说政府总以某种方式与社会公众工作和生活的每一方面直接或间接地相关联，因此，政府信息的数量极多，目前，各级政府部门大约集聚了全社会信息资源总量的80%③。

网络政府信息是指为了适应信息化社会的发展，在利用信息技术、通讯技术、网络技术、办公自动化技术对传统政府管理和公共服务进行改革的过程中形成的与政府行政职能相关的用于网络发布与应用的信息。随着政府信息公开条例的实施，越来越多的政府机构已将本机构中非保密的信息都发布在网络中，为社会公众提供服务。而公共图书馆也随着条例的出台，纳入政府信息公开的体系中，成为政府信息提供的窗口，开始为公众提供政府信息服务。在各种类型政府信息中，网络政府信息对图书馆来说因其海量性、易获得与易传播性，在图书馆开展政府信息工作中起到的至关重要的作用，众多图书馆都开展了网络政府信息的编目与服务工作。

目前，在国内外已有一些较为成熟的政府信息标准规范，在国外主要有3种常见的描述体系。

一、基于 MARC 的政府信息元数据描述体系

美国政府出版局 GPO 制定的编目指南就是参照传统的文献编目规则，以 MARC 格式为核心，对其局部进行修订从而适应政府信息资源编目的需要。例如，2002 年 GPO 编目部（cataloguing branch）制定的第四版《政府出版局编目指南》中，采用 086 字段著录"政府公文管理分类号"；采用 074 字段著录"政府出版局文献号"；采用 100、110、111 字段著录"主要款目"，并规定利用 AACR2 英美编目规则（第二版）进行著录④。此外，该编目指南还对原始记录、现存记录（在 OCLC 数据库中有相同记录）的不同著录规则和格式进行了说明。

---

①③　马费成. 信息资源开发与管理[M]. 北京：电子工业出版社，2004.

②　程万高. 政府信息资源增值服务供给机制研究[M]. 北京：科学出版社，2011.

④　王新才. 政府信息资源管理[M]. 北京：科学出版社，2011：76 - 77.

二、基于 DC 的政府信息元数据描述体系

1999 年 10 月,DCMI 成立了政府工作组,该组调研了政府部门应用 DC 的现状和共同点,对 DC 应用于政府部门应增加的元素和修饰词提出了建议,2001 年 6 月,一些政府部门的代表在布鲁塞尔召开了 MIReG(Managing Information Resources for e-Government)研讨会,成立了 MIReG 工作组。2001 年 9 月,DCMI 工作组和 MIReG 工作组联合发布了 DC-Government 应用纲要(DC Government Application Profile)。该应用纲要提出直接将 DC 的 15 个核心元素及其修饰词复用到 DC-GOV 命名域上,并补充一个新元素——Audience(受众)①。

目前,采用 DC-Government 作为本国政府信息资源元数据核心的国家有澳大利亚、加拿大、丹麦、芬兰、爱尔兰、新西兰、英国等,并都根据本国国情做了本土化应用。澳大利亚政府元数据标准 AGLS 依据政府信息的特点制定了 19 个元素,包括 15 个 DC 元素以及 4 个扩展元素:Availability(可获取性)、Function(功能)、Audience(受众)、Mandate(命令)。AGLS 有三个不同的选项:必选项、条件项、可选项,必选项有 5 个元素:Title、Creator、Date、Subject 或 Function、Identifier 或 Availability,可以描述在线网络资源、离线资源,还可以描述政府服务和机构,由澳大利亚国家档案馆负责维护。新西兰政府元数据标准 NZGLS 是在 DC 核心元数据和澳大利亚 AGLS 基础上的延伸,具有和 AGLS 完全一样的 19 个元素,但与 AGLS 在元素的定义上略有不同,NZGLS 有 4 个不同的选项:必选项、条件项、推荐项、可选项,5 个必选项元素:Title、Creator、Type、Function 和 Type。目前 NZGLS 已经在新西兰政府机构、地方管理机构、国有企业等机构中得到广泛应用。

三、基于 GILS 的政府信息元数据描述体系

GILS 是 20 世纪 90 年代由美国联邦政府应用元数据的理念设计的一种支持公众搜寻、获取和使用政府公开信息资源的分布式信息资源及利用体系。各政府机构可以利用 GILS 标准描述自己拥有的信息资源(包括数字和非数字资源),建立相应的信息资源目录和检索系统,并且可以在数字资源目录和数字资源全文之间建立链接,公众可以利用互联网直接获取这些目录数据,并通过链接直接获得有关数字资源全文②。从信息组织的角度看,GILS 是一组分布式信息资源目录的集合,其基本构建要素是这些目录中对具体资源进行描述的元数据,即 GILS 定位记录(Locator Record)。

GILS 由技术标准、信息组织标准和控制词表标准 3 种标准构成,其中大部分规定反映在 GILS 应用纲要中,根据 GILS 应用纲要第二版,GILS 核心元素共有 28 个,依元素的性质可分

---

① 李荣艳等. 我国政府信息资源元数据标准研究[J]. 图书馆学研究,2012(11):42-46.

② 谭必勇,王新才. 国外政府信息资源目录体系建设及其启示[C]//王新才. 电子政务信息资源管理及其技术实现研究——2007 信息化与信息资源管理学术研讨会论文集. 武汉:湖北人民出版社,2008:3-5.

为：必备/可选、重复/不可重复、及受控/不受控 3 种类型。按功能可划分为 4 类：资源的拥有者及建设者、资源的内容、资源的发布信息以及资源的管理信息。

由于美国政府的大力推动，GILS 已经成为美国政府信息资源的描述标准，并且在日本、俄罗斯等国得到了广泛应用。

在国内，我国政府信息资源元数据标准的制定经历了一段时间的探索，形成了一些建议标准，主要有电子政务信息资源描述元数据标准（e-GRMS）①、中国政府信息资源元数据核心集（CGMIC：China Government Information Metadata Core）②以及政府公开信息核心元数据。

e-GRMS 是以 DC 为基础进行扩展的，主要包括 4 部分：核心元素、限定元素、编码体系与受控词表、扩展规则，核心元素有 18 个，复用了 DC 的 15 个核心元素，并根据政务部门的需求扩展了 3 个附加元素：可用性、适用对象、安全，必选元素有 5 个：创建者、标题、日期、主题、资源标识符。该标准继承了 DC 的数据模型（刺猬模型）：一个单一的资源实体上有多个属性（即元素），因为每个元素都可以被看作描述资源的一个属性，每个元素都有具体的字符串值。可以满足有效检索和管理功能；限定元素对核心元素做进一步的解释和限定，使核心元素的含义更丰富；编码体系和受控词表用于对元数据元素的内容进行控制；扩展规则提供了在某一领域使用标准时如何进行扩展的原则和方法。

CGMIC 将我国的政府信息资源元数据核心元素定义为 23 个，分为 5 类：资源内容元数据、资源责任元数据、资源表示元数据、资源获取元数据、资源管理元数据。CGMIC 以 GILS 为基础，针对我国国情进行了适当的调整和修正，在内容元数据中引进了"空间域""时期"与"参照"栏目，在责任元数据中特别突出了证明资源真实有效性的"方法"一栏，资源获取元数据部分强调了资源密级等获取限制以及相关的使用技术条件，管理元数据用于记录资源的变更记录与真实有效性。

政府公开信息核心元数据是随政府信息公开条例的出台而产生的，2009 年国务院办公厅秘书局编制的《政府信息公开目录系统实施指引（试行）》③主要包括 4 部分：政府信息公开目录系统的构成与功能、政府公开信息核心元数据、政府公开信息的分类、政府公开信息目录展现形式。在政府公开信息核心元数据部分根据《政府信息公开条例》的规定和检索、查阅信息的需要设定了 14 个核心元素，其中 6 个必选项（索引号、名称、生成日期、发布机构、信息分类、著录日期），3 个条件必选项（文号、关键词、文种），5 个可选项（内容概述、有效期、相关信息、在线链接地址、信息格式）。

这些元数据标准均为政府信息的描述提供了有力的支撑，但对于公共图书馆来说，由于其作为政府信息的服务者，而不是信息的生产者，因而在对政府信息的描述方面与政府部门略有不同，尤其是针对网络政府信息，更需要考虑其网络资源的独特属性，需要对现有的政府信息元数据标准加以改造以适应图书馆的需求。

---

① 闫伟，杨洪山，孙莉. 政务信息资源描述元数据标准的制定研究[J]. 计算机与信息技术，2005（10）：85 – 87.

② 王芳. 我国电子政务元数据的构建及其基于 Web 服务的共享实现[J]. 情报科学，2007（1）：125 – 133.

③ 国务院办公厅秘书局关于印发政府信息公开目录系统实施指引（试行）的通知[EB/OL]. [2012 – 02 – 17]. http:wenku. baidu. com/view/6ccc4d5c3b3567ec102d8a82. html.

第二部分　网络政府信息描述元数据体系模型

一、资源分析

网络政府信息与网络信息、政府信息都有一定的联系与区别,因此,在制定元数据标准时,既应考虑通用性以方便交换,也应考虑元数据对信息特点的揭示作用。

第一,网络政府信息区别于印本文献的关键点在于"网络"二字,即其传播载体为网络,具有网络资源的特点。网络资源具有多次传播、规范性差、易失效的特点。因此,在术语设置时需要对网络政府信息的自身属性进行揭示、对一些缺陷进行预先的控制。如对网络政府资源的生成与多次传播的各个时间节点进行描述,对网络政府信息的各种来源进行揭示等。

第二,网络政府信息区别于其他网络信息的关键点在于"政府"二字,政府信息描述性元数据标准是政府信息所特有的标准,是有效描述政府信息资源,实现政府信息资源发现与共享的基础。因此,与通用的元数据标准相比较,政府信息元数据标准应针对政府信息的特有内容进行设置,以体现政府信息的特点,另外,著录规则中应强调对政府信息权威性、准确性的体现。

第三,政府信息元数据以为社会公众提供信息服务为其最主要功能,社会公众对使用信息检索技术的能力参差不齐,因此,为更好地帮助用户找到所需的政府信息,应设置多维的分类体系以揭示政府信息内容属性的术语,为用户提供知识导航。

二、元数据建立原则

元数据建立及应用的基本原则如下。

1. 用户需求原则

元数据的用户包括最终用户、设计开发人员、领域专家、资源拥有者与管理者等。对于任何具体应用来说,满足用户对于元数据方案的需求是第一位的,也是最基本的原则。

网络政府信息元数据标准以用户便利性为元数据的首要功能。政府信息与社会发展及公众生活息息相关,只有让公众方便而快捷地找到所需的政府信息,才能提高政府信息的利用率,真正实现其价值。而元数据作为有效的知识服务工具能够帮助用户准确查找信息,因此,制定元数据标准时应强化描述与汇集的功能,实现知识检索。如按照公文实施与废止的特点,设置相关术语,在有继承关系的公文间建立关联关系。

2. 通用性原则

通用性是指制定网络政府信息元数据标准应尽量参考成熟的获得广泛采用的政府信息元数据标准,从而支持对异构系统间的互操作能力,以实现更广的时空范围内的数据共享。

通用性主要通过以下几点实现:一是设置的术语与通用标准应保持语义上的一致性,减少互操作中的语义匹配差异;二是与通用标准保持元数据结构上的一致性,避免结构匹配上的差异,加强元数据的易转换性;三是强调规范性与统一性,元素的值尽量取自通用的受控词表,如:《综合电子政务主题词表》。

本规则设置的术语主要基于网络政府信息的特点,因此,为了保证其通用性,在附录中提供了本规则中术语与 DC 元数据的映射规则,以保持与通用元数据语义的一致;此外,还借鉴国内已建的一些政府信息元数据规范,如:国家标准 GB/T 21063.5—2007《政务信息资源目录体系》,尽量保证不出现结构与语义上的重大差异。

3. 互操作性原则

互操作性原则是元数据方案设计和实现中需要遵循的最重要的原则之一。主要体现在:

(1)元数据体系框架模型在结构、格式、内容编码体系等方面进行规范定义,尽可能复用或嵌套标准的或业界通用的元数据格式,从而保障内容描述方式的标准化和描述内容的可交换。

(2)一个术语应具有最细粒度的含义,且应具有明确的语义,以尽可能减少向其他元数据方案映射或转换过程中的语义损失。

4. 扩展性原则

扩展性是指元数据标准中的元素应为非限制性的,在需要时可按照规范的扩展规则进行扩展,以保证元数据方案对于未来的适应性。元数据体系应实行开放扩展机制。这一原则是考虑到网络技术及信息资源都处于飞速发展之中,网络政府信息也不例外,因此,元数据标准必须具有扩展性,以容纳政府信息在媒体类型、利用终端、发布方式等方面可能出现的变化或网络政府信息在某些特定应用中的需要。在扩展术语时,主要应遵循自定义的术语与通用标准中的术语不能出现语义交叉或重复的规则。

三、术语集描述

1. 术语集说明

本规则在参考了 DC 元数据术语集、DC 抽象模型和 DC 应用纲要、国家数字图书馆工程标准规范成果(元数据总则和专门元数据规范)以及政府公开信息核心元数据的基础上,根据政府信息资源的特点及信息服务的需求,共设置术语 23 个。

表2−1 著录规则的术语集

序号	术语名称	必备性	可重复性
1	正题名	必备	可重复
2	其他题名	有则必备	可重复
3	体裁分类	必备	可重复
4	主题分类	必备	可重复
5	公文种类	有则必备	不可重复
6	关键词	必备	可重复
7	发文字号	有则必备	可重复
8	来源网站发布日期	有则必备	不可重复
9	信息发布日期	有则必备	不可重复
10	实施日期	有则必备	不可重复
11	废止日期	有则必备	不可重复
12	原索引号	有则必备	不可重复
13	其他标识号	有则必备	可重复
14	信息发布机构	有则必备	可重复
15	转载来源	有则必备	不可重复
16	信息来源	必备	不可重复
17	原文地址	必备	不可重复
18	附注	有则必备	可重复
19	附件	有则必备	可重复
20	快照	有则必备	可重复
21	正文	有则必备	不可重复
22	目录	整期政府公报必备	可重复
23	出处	析出于政府公报的单篇政府信息必备	不可重复

2. 著录规则的内容结构

在著录项说明中,以术语为主线撰写,每个术语说明的项目详见表2−2。

表2−2 著录规则中的术语定义

项目	项目定义与内容
名称	赋予术语的唯一标记
定义	术语在本规则中的定义
著录内容	在定义的基础上,详细规定著录时的相关内容
注释	对术语著录时任何注意事项的说明

续表

项目	项目定义与内容
规范文档	说明著录元素内容时依据的各种规范。元素取值可能来自各种受控词表和规范。它可以和编码体系修饰词一致,也可以是适应具体需要而做出的相关规则
必备性	说明元素是否必须著录。取值有:必备(M)、可选(O)、有则必备(A)
可重复性	说明术语是否可以重复著录。取值有:可重复(R)、不可重复(N)
著录范例	著录时的典型实例

第三部分　总则

一、范围

本规则参考了 DC 元数据术语集、DC 抽象模型和 DC 应用纲要,以及国家数字图书馆工程标准规范成果,同时结合了项目发展的具体要求而制定。适用于数字图书馆推广工程资源联合建设,为联建网络资源典藏专题库的政府公开信息资源的建设提供指导性原则。

本规则主要为图书馆进行网络政府信息的编目提供详细操作规则。规则明确了网络政府资源元数据每一元素的著录内容、取值范围,制定了著录过程中可能遇到的特殊事项的著录原则,同时提供了可供参考的典型著录范例。

本规则中的著录示例仅用于帮助理解元素的著录规则,并非完整的元数据记录。示例的著录形式并非是不能改变的规定的著录形式。

二、规范性引用文件

下列文件对于本规则的应用是必不可少的。凡是注日期的引用文件,仅注日期的版本适用于本文件。凡是不注日期的引用文件,其最新版本(包括所有的修改单)适用于本文件。

GB/T 25100—2010 信息与文献　都柏林核心元数据

DCMI Metadata Terms.［DCMI-TERMS］
DCMI 元数据术语集［DCMI-TERMS］
 ＜http://dublincore. org/documents/dcmi-terms/ ＞

DCMI Abstract Model
DC 抽象模型
 ＜http://dublincore. org/documents/abstract-model/ ＞

Date and Time Formats,W3C Note.［W3CDTF］
日期与时间格式,W3C 注释［W3CDTF］
 ＜http://www. w3. org/TR/NOTE-datetime ＞

Uniform Resource Identifiers(URI):Generic Syntax.［RFC3986］
统一资源标识符(URI):通用句法［RFC3986］

< http://www.ietf.org/rfc/rfc3986.txt >

党政机关公文处理工作条例(2012)
http://www.gov.cn/zwgk/2013-02/22/content_2337704.htm

GB/T 25100—2010 党政机关公文格式

三、主要名词术语

政府信息:行政机关在履行职责过程中制作或者获取的,以一定形式记录、保存的信息。

公文:各级党政机关和各类社会组织在各种公务活动中直接形成和使用的具有规范体式与法定效用的信息记录。

党政机关公文:党政机关实施领导、履行职能、处理公务的具有特定效力和规范体式的文书,是传达贯彻党和国家的方针政策,公布法规和规章,指导、布置和商洽工作,请示和答复问题,报告、通报和交流情况等的重要工具。

复合体公文:由于法律、法规、规章以及计划、总结等事务性文书本身不属法定公文,没有独立行文的资格,而要发布,必须从法定公文文种中找出一个文种将其载运、发布出来,即以文载文。该类型公文中政府信息的主体只起报送、发布、按语、转发、函告的作用,被载运、发布的公文才是政府信息的主要内容。例如:公布令可用来依照有关法律公布行政法规和规章,通知可以用来批转下级机关的公文、转发上级机关和无隶属关系机关的公文,传达要求下级机关办理和需要有关单位周知或者执行的事项时,常常也会通过印发性通知将本级的一些重要决策(如规章制度、领导讲话、规划计划等)下达给各下级单位和所属各部门及有关人员。

政府公报:政府机关出版发行的以登载法令、方针、政策、宣言、声明、人事任免等各类政府文件为主要内容的连续出版物,由政府机构主办。刊登的政府规章文本为标准文本,刊登的文件与正式文件具有同等效力。一些政府机构为贯彻实施《中华人民共和国立法法》,还下发正式的通知赋予政务期刊以政府公报的职能。

元数据:定义和描述其他数据的数据。

著录:编制文献目录时,按照一定的规则对文献的形式特征和内容特征进行分析、选择和记录的方法和过程。

信息标引:是依据一定的标引规则,在对信息资源内容属性进行分析的基础上,给出信息资源属性的检索标识过程。

四、著录对象

政府网站上公开发布的各类政府信息。在复合体公文中,著录对象是该条完整的政府信息,而不是被载运、发布的公文。

五、著录单位

一般以具有独立名称并可独立使用的一个资源为著录单位,如一条国务院令。政府公报可以以一条政府信息为著录对象,也可以以一期政府公报为著录对象,视政府机构网站发布的形式决定。

六、著录信息源

著录信息源必须是资源本身,资源本身信息不足,可参考其他信息源或其他有关文献资料。

主要信息源是指著录的首选来源。政府信息的主要信息源是政府信息本身。

政府信息的规定信息源及其选取的先后顺序为政府信息本身、政府信息的发布页面、来源网站发布的元数据、政府机构网站上发布的与本条政府信息相关的政府信息。

来源网站的信息列表页不是规定信息源,只在编目员需进行人工判断时起一定的辅助参考作用,不能从列表页选取信息。

七、著录项目、文字与符号

本规则规定的著录项共23个术语。其中,必备项为正题名、体裁分类、主题分类、关键词、信息来源、原文地址,其余项为有则必备。

本规则不对元数据记录中各术语的排列次序作强制性的规定,应用时可根据需要自行决定术语的排列次序。

著录所用的文字为按资源所用的文字客观著录。由著录人员给出的摘要、关键词、分类等信息,著录文字为简体中文。日期用阿拉伯数字著录。

在术语可重复时,可采用重复术语或重复值的方式,重复值时,推荐使用 DCMI DCSV(Dublin Core Structured Values)规范,即在著录时有超过一个的取值时,值与值之间用半角分号分隔。

第四部分 著录项说明

一、正题名

名称：正题名
定义：政府信息的名称。
著录内容：著录政府信息的主要题名。可以具有多种形式,如通用术语、词组、数字、符号等。
注释：

(1)党政机关公文的标题通常有规范的样式,主要包括三种:①标准式。由发文机关名称、事由和文种组成,这三项被称为公文标题三要素,构成一个以文种为中心词、以制发机关和事由为限定修饰成分的偏正短语(例1)。②双项式。由发文机关和文种,或事由和文种组成(例2、例3)。三、转文式。由发文机关、被转文件的标题、文种组成(例4)。著录时应完整著录。

(2)属于正题名组成部分的发布机构名称,或标识公文流转过程的词语,如"印发""转发""批转"等,都应如实著录(例5、例6)。

(3)应按照信息源中所载题名的原样照录,对于有语法关系的标点符号、空格也应照录(例7、例8、例9、例10)。

(4)正题名的选择应首先按照内容,并结合主要信息源的版式、顺序进行判断(例11)。

(5)一些在版式上与正题名连在一起或位于正题名之下的内容并不属于正题名,应仔细区分,不能都作为正题名著录(例12、例13、例14)。

(6)如果规定信息源中有两种或两种以上文种(或语种)题名时,应选择中文题名作为正题名,另一文种(或语种)题名著录在其他题名。

(7)正题名应选自政府信息本身。如果政府信息本身无正题名,可根据其他的规定信息源著录(例15)。

(8)如果政府信息上出现多个内容有差异的正题名时,正题名应选自政府信息本身,对其他的题名信息应按以下方式进行处理:①如出现在政府信息所在网页中或来源网站发布的元数据中,并且与正题名差异较大或具有检索意义,应将另一题名著录在"附注"项,并前置规范导语(例16)。②如差异较小且不具有检索意义,可不著录(例17、例18)。③如为错误的则不著录。

(9)复合体公文的标题有多种形式,应按照不同的规则著录正题名:①转发、印发性通知,指通知的正文和被转发、印发的公文共同组成一条完整的政府信息。此时,将通知正文的标题著录为正题名。由于被转发、印发的公文是复合体公文的主要内容,揭示这部分内容对用户的使用具有较大意义,因此,为加强汇集作用,将被转发、印发的公文的标题著录为其他题名(例19)。②标题由发文机关和文种组成的情况。由于公文标题对事由没有说明,对政府信息的内容不具有描述功能,因此,将被载运、发布的公文的标题著录为正题名,将复合体公文的标题著录为其他题名(例20、例21)。

(10)出现在来源网站资源列表页中的正题名,无论与政府信息的正题名是否一致,均不著录。

(11)正题名不能选取来自政府信息的正文中的内容(例22)。

(12)主要信息源所载正题名明显错误或不完整,可选择其他的规定信息源中正确的正题名,如在其他的规定信息源没有正确的正题名时,应原样照录,同时在"附注"项说明,并前置规范导语。

(13)文字冗长的正题名,应如实著录。

规范文档:无

必备性:必备

可重复性:可重复

著录范例:

例1:

正题名:国务院关于加快推进残疾人小康进程的意见

例2:

正题名:中华人民共和国商务部公告

例3:

正题名:关于做好防范应对强降温降雪天气的通知

例4:

正题名:交通运输部安委办关于转发辽宁省6行业领域企业安全生产标准化建设指导意见的通知

例5:

国家发展改革委 国家测绘地信局
关于印发国家地理信息产业发展规划
(2014-2020年)的通知

来源: 国家发展和改革委员会 国家测绘地理信息局 时间: 2014-08-06 08:50:48 【大 中 小】

正题名:国家发展改革委　国家测绘地信局关于印发国家地理信息产业发展规划(2014—2020年)的通知

例6:

正题名:转发教育部办公厅关于转发《突发事件应急演练指南》的通知

例7:

正题名:国务院关于落实《政府工作报告》重点工作部门分工的意见

例 8：

正题名：国务院印发关于深化中央财政科技计划（专项、基金等）管理改革方案的通知

例 9：

正题名：交通运输部办公厅转发财政部外交部关于印发《因公临时出国经费管理办法》的通知

例 10：

正题名：国家知识产权局、教育部、科技部、工业和信息化部、国资委、工商总局、版权局、中科院关于印发《关于深入实施国家知识产权战略加强和改进知识产权管理的若干意见》的通知

例 11：

索 引 号：007566488/2012-00326	主题信息：建筑市场
发文单位：自治区住房和城乡建设厅	生成日期：2012年09月18日
文件名称：关于广西第201208批建筑业企业资质审查的公示(19号)	
文 号：厅政务服务中心公示第19号	主 题 词：

关于住房城乡建设系统企业资质审查意见的公示

关于广西第201208批建筑业企业资质审查的公示(19号)

广西壮族自治区住房和城乡建设厅政务服务中心公示第19号

2012/9/18 18:00:25

【字体：大 中 小】【颜色：红 绿 蓝 黑】

各市住房和城乡建设主管部门，各有关企业：

按照《行政许可法》及有关企业资质管理规定，我厅对近期申请施工企业、造价咨询企业、招

正题名：关于广西第 201208 批建筑业企业资质审查的公示（19 号）
其他标识号：广西壮族自治区住房和城乡建设厅政务服务中心公示第 19 号
附注：网页另有题名：关于住房城乡建设系统企业资质审查意见的公示

例 12：

市人民政府办公厅关于印发2010年人大议案代表建议和政协建议案提案办理工作方案的通知
武政办（2010）10号

正题名：市人民政府办公厅关于印发 2010 年人大议案代表建议和政协建议案提案办理工作方案的通知
发文字号：武政办（2010）10 号
（注：正题名下方是发文字号，不能著录到正题名中。）

例 13：

广西壮族自治区人民政府关于做大做强水牛奶业的意见（桂政发〔2014〕16号）

正题名:广西壮族自治区人民政府关于做大做强水牛奶业的意见
发文字号:桂政发〔2014〕16 号
(注:正题名后面括号内是发文字号,不能著录到正题名中。)

例 14:

> **湖南省农业委员会关于颁发农产品质检机构考核合格证书的通告 湘农发〔2014〕79号**

正题名:湖南省农业委员会关于颁发农产品质检机构考核合格证书的通告
发文字号:湘农发〔2014〕79 号
(注:正题名后面空格后是发文字号,不能著录到正题名中。)

例 15:

索 引 号:00817384-6/2010-00035	主题分类:综合政务
发文机构:省商务厅	组配分类:法规公文
名 称:转发商务部 财政部等七部委关于印发家电下乡流通网点管理实施细则的通知	
文 号:无　　发文日期:2010年08月01日	主题 词:家电 下乡 网点 细则 通知

打印本页　关闭窗口　字体大小[大 中 小]

各市县(区)商务局、财政局、工业和信息化局、物价局、国家税务局、工商行政管理局,省质量技术监督局各直属局,省家电下乡中标流通企业及授权流通企业:

现将商务部、财政部、工业和信息化部等七部委关于印发《家电下乡流通网点管理实施细则》的通知(商建发[2010]235号,简称《七部委通知》)转发给你们,并就贯彻意见一并通知如下:

正题名:转发商务部　财政部等七部委关于印发家电下乡流通网点管理实施细则的通知
(注:正文中无正题名,正题名取自来源网站发布的元数据。)

例 16:

> **市质量技监局印发上海市食品相关产品生产监管办法**

▶ ■ ━━━ 00:00 ◀))

关于印发上海市食品相关产品生产监管办法的通知

各区、县食品相关产品生产监管部门,局属各有关单位:

《上海市食品相关产品生产监管办法》已经2014年12月11日局长办公会议通过,现予发布,自2015年2月5日起实施,请遵照执行。

正题名:关于印发上海市食品相关产品生产监管办法的通知

附注:网页另有题名:市质量技监局印发上海市食品相关产品生产监管办法

（注:网页上另有题名,与正文中的题名有差异,且其中的"市质量技监局"具有检索意义,应在附注中进行著录。）

例17:

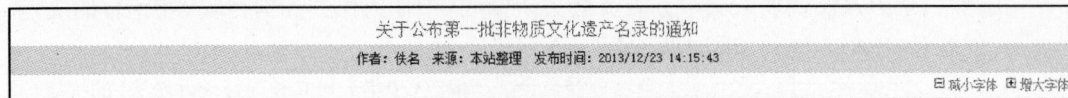

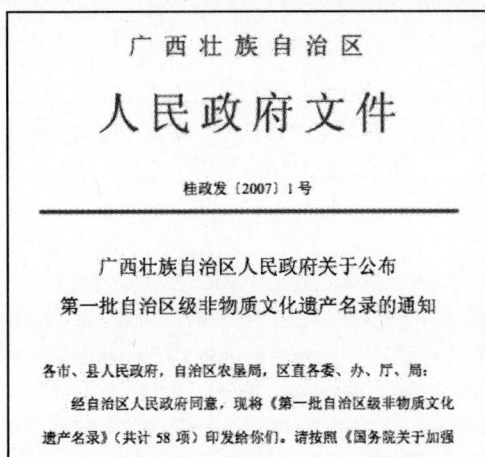

正题名:广西壮族自治区人民政府关于公布第一批自治区级非物质文化遗产名录的通知

（注:网页上另有题名"关于公布第一批自治区级非物质文化遗产名录的通知",与正题名差异较小,不予著录。）

例18:

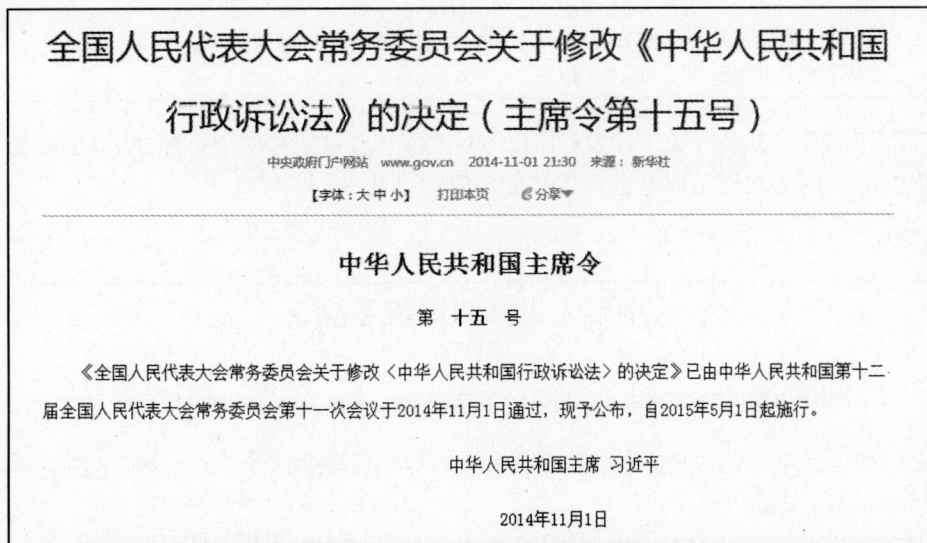

全国人民代表大会常务委员会关于
修改《中华人民共和国行政诉讼法》的决定

（2014年11月1日第十二届全国人民代表大会常务委员会第十一次会议通过）

第十二届全国人民代表大会常务委员会第十一次会议决定对《中华人民共和国行政诉讼法》作如下修改：

正题名：全国人民代表大会常务委员会关于修改《中华人民共和国行政诉讼法》的决定

其他题名：中华人民共和国主席令第十五号

（注：网页另有题名"全国人民代表大会常务委员会关于修改《中华人民共和国行政诉讼法》的决定（主席令第十五号）"，与正题名差异较小，不予著录。）

例19：

国务院办公厅关于印发《南水北调工程 基金筹集和使用管理办法》的通知

国办发〔2004〕86号

北京市、天津市、河北省、江苏省、山东省、河南省人民政府，国务院有关部门：

《南水北调工程基金筹集和使用管理办法》已经国务院同意，现印发给你们，请认真贯彻执行。

建设南水北调工程，是党中央、国务院作出的重大战略决策，对于缓解我国北方水资源紧张状况，保持经济社会可持续发展，促进全面建设小康社会和实现现代化，具有重大意义。南水北调工程基金是保证南水北调工程顺利实施的重要资金来源。有关地方人民政府要高度重视基金筹集工作，切实采取有效措施，确保基金足额征收。国务院有关部门要切实加强基金收入的管理，确保专款专用。

国务院办公厅

二〇〇四年十二月二日

南水北调工程基金筹集和使用管理办法
（二〇〇四年十二月二日）

第一条 为筹集南水北调工程建设资金，规范南水北调工程基金筹集和使用管理，确保南水北调工程建设顺利实施，根据国家有关规定，制定本办法。

正题名：国务院办公厅关于印发《南水北调工程基金筹集和使用管理办法》的通知

其他题名：南水北调工程基金筹集和使用管理办法

例20：

中华人民共和国国务院令

第657号

现公布《国务院关于修改〈中华人民共和国外资银行管理条例〉的决定》，自2015年1月1日起施行。

总理 李克强

2014年11月27日

**国务院关于修改《中华人民共和国
外资银行管理条例》的决定**

国务院决定对《中华人民共和国外资银行管理条例》作如下修改：

一、将第八条第二款修改为："外商独资银行、中外合资银行在中华人民共和国境内设立的分行，应当由其总行无偿拨给人民币或者自由兑换货币的营运资金。外商独资银行、中外合资银行拨给各分支机构营运资金的总和，不得超过总行资本金总额的60%。"

正题名:国务院关于修改《中华人民共和国外资银行管理条例》的决定

其他题名:中华人民共和国国务院令第657号

例21：

哈尔滨市第十四届人民代表大会常务委员会公告

第11号

《哈尔滨市城市绿化条例》业经哈尔滨市第十四届人民代表大会常务委员会第十五次会议于2014年6月20日通过，黑龙江省第十二届人民代表大会常务委员会第十三次会议于2014年8月14日批准，现予公布，自2015年1月1日起施行。

哈尔滨市人民代表大会常务委

员会

2014年10月29日

哈尔滨市城市绿化条例

（2014年6月20日哈尔滨市第十四届人民代表大会常务委员会第十五次会议通过，
2014年8月14日黑龙江省第十二届人民代表大会常务委员会第十三次会议批准）

第一章 总则

第一条 为了促进城市绿化事业的发展，保护和改善城市生态环境，创建生态园林城市，根据有关法律、法规，结合本市实际，制定本条例。

正题名:哈尔滨市城市绿化条例

其他题名:哈尔滨市第十四届人民代表大会常务委员会公告第11号

例22：

中华人民共和国主席令

第十七号

《中华人民共和国航道法》已由中华人民共和国第十二届全国人民代表大会常务委员会第十二次会议于2014年12月28日通过，现予公布，自2015年3月1日起施行。

中华人民共和国主席 习近平

2014年12月28日

责任编辑：王伟

正题名：中华人民共和国主席令第十七号
（注：本条政府信息不能将正题名著录为：中华人民共和国航道法）

二、其他题名

名称：其他题名
定义：对正题名起补充解释作用的题名。
著录内容：著录用于限定、补充、解释、修饰正题名的文字。
注释：

（1）其他题名取自政府信息本身。一般出现于正题名之上或之下，对其他题名的识别可以参照原文的版式（例1）。

（2）除了考虑版式外，还可将一些有助于实现元数据描述与汇集功能的信息著录为其他题名（例2）。

（3）复合体公文应按照一定的规则著录其他题名（具体规则见"正题名"注释9）。

（4）当正题名无法对政府信息起有效识别作用时，应考虑选取一些有助于识别的信息作为其他题名著录（例3、例4）。

（5）一些公文会在公文标题下增加题注，置于括号之中。如：决议在标题下写明通过或批准决议的日期和会议名称（例5）。该类信息不作为其他题名著录。

（6）如有多个其他题名，应著录多个（例6）。

规范文档：无
必备性：有则必备
可重复性：可重复
著录范例：

例1：

以"制度＋技术"着力解决投资监管弱
——解读国务院常务会议部署改革政府投资管理方式
中央政府门户网站 www.gov.cn 2015-02-07 07:53 来源：新华社
【字体：大中小】 打印本页 分享▼

正题名：以"制度＋技术"着力解决投资监管弱
其他题名：解读国务院常务会议部署改革政府投资管理方式

例2：

科技创新推动长沙电子信息产业风生水起
长沙市政府门户网站 时间：2014-10-18 来源：长沙市政府门户网站 [打印][关闭][收藏] 字号：【大 中 小】
"科技支撑引领长沙产业转型创新发展"系列报道
（长沙科技网报道）近年来，长沙电子信息产业依靠科技创新发展驱动，成为长沙新的千亿产业集群指日可待。目前，长沙电子信息产业共有企业450家，主要分布在长沙国家高新技术产业开发区、长沙经济技术开发区和浏阳经济技术开发区。现有7家规模较大企业，长城信息产业股份有限公司、蓝思科技（湖南）有限公司、湖南信息产业集团、湖南国科广电有限公司、中电48所、威胜电子有限公司和中电软件园。

正题名:科技创新推动长沙电子信息产业风生水起

其他题名:"科技支撑引领长沙产业转型创新发展"系列报道

例3:

正题名:包头市级谈判采购公告

其他题名:包头美术馆前厅改造装饰工程

(注:有多条信息为同样的题名,为加强题名的识别作用,将项目名称著录为其他题名。)

例4:

正题名:厦门市规划局规划许可听证告知书

其他题名:(2014)厦规海听告字第7号

正题名:厦门市规划局规划许可听证告知书

其他题名:(2014)厦规海听告字第6号

(注:有多条信息为同样的题名,为加强题名的识别作用,将编号著录为其他题名。)

例5:

正题名:中国共产党第十八次全国代表大会关于《中国共产党章程(修正案)》的决议

其他题名:无

(注:正题名下括号内的内容不作为其他题名著录。)

例6:

国家宗教事务局关于印发《国家宗教事务局行政许可实施办法》等三个制度的通知

国宗发〔2014〕2号

局机关各部门：

《国家宗教事务局行政许可实施办法》、《国家宗教事务局行政处罚实施办法》、《国家宗教事务局行政执法过错责任追究制度》已经2013年12月31日国家宗教事务局第10次局务会议通过，现予印发，请遵照执行。

宗 教 局

2014年1月8日

国家宗教事务局行政许可实施办法

第一条 为了规范本局行政许可的实施，维护公民、法人和其他组织的合法权益，根据《中华人民共和国行政许可法》，制定本办法。

…………

第十五条 本办法自印发之日起执行。2004年7月1日印发的《国家宗教事务局行政许可实施办法（试行）》同时废止。

国家宗教事务局行政处罚实施办法

第一条 为了规范本局的行政处罚行为，维护公民、法人和其他组织的合法权益，根据《中华人民共和国行政处罚法》，制定本办法。

…………

第十五条 本办法自印发之日起执行。2004年7月1日印发的《国家宗教事务局行政处罚程序（试行）》同时废止。

国家宗教事务局行政执法过错责任追究制度

第一条 为了规范本局行政执法工作人员的行政执法行为，维护公民、法人和其他组织的合法权益，根据《中华人民共和国行政许可法》、《中华人民共和国行政处罚法》等法律，制定本制度。

正题名：国家宗教事务局关于印发《国家宗教事务局行政许可实施办法》等三个制度的通知

其他题名：国家宗教事务局行政许可实施办法

其他题名：国家宗教事务局行政处罚实施办法

其他题名：国家宗教事务局行政执法过错责任追究制度

三、体裁分类

名称:体裁分类

定义:依据政府信息的外部属性——文体体裁对其进行分类。

著录内容:按照体裁分类表对政府信息的体裁进行标引,体现政府信息在表现形式与体裁上的不同。

注释:

(1)标引时,应遵守专指性的规则,能标引为二级类时不能标引为其上位类。

(2)当一条政府信息涉及多个体裁(三个及以上)时,如果多个体裁均为一个一级类的下位类时,可直接标引为该一级类,如果属于多个一级类,可标引为其他信息。

(3)应首先明确著录对象,在此基础上进行体裁分类的标引。如:以整期政府公报为著录对象时,体裁分类为政府公报;以政府公报中一条政府信息为著录对象时,需根据该条政府信息的具体内容进行体裁分类的标引(例1、例2)。

(4)下位类与上位类之间存在隶属关系,二级类是一级类的下位类,其含义受一级类的限制,具有向上兼容的特点,即政府信息标引为某二级类时,其体裁也应属于其上级类。在标引时,可根据这一规则判断二级类的标引是否正确。

(5)一级类与二级类中均设置了"其他",用于标引无法分入其他同级类的政府信息。如:除正式的司法解释外,对政策法规的解读应分入政策法规/其他。

(6)标引时,可通过区别政府信息所起的作用来判断其体裁。如:用于机构内工作的文件应分入机构文件,而对公众执行机构职能的文件应分入行政职权;通过政策法规赋予政府机构行政职权的文件应分入政策法规,而行使这种行政职权的行为应分入行政职权;与政府机构工作相关的动态应分入工作动态,而与工作无关的动态应分入其他信息;与统计工作相关的政策、文件或动态应视功能不同分入政策法规、机构文件、工作动态等,而统计出的数字、报表等各种信息应分入统计信息(例3、例4、例5)。

(7)复合体公文应著录被载运、发布的公文的体裁(例6)。

(8)政府信息在发布时,一般被归为政府机构网站的某一栏目,这种栏目多是该网站对政府信息进行的一种体裁分类,在标引体裁分类时,可作为参考,但不能照搬,必须针对所著录的政府信息来进行标引。

(9)对相同或相近的政府信息进行标引时,应尽量保证标引结果或标引规则的一致性。

规范文档:体裁分类表

必备性:必备

可重复性:可重复

著录范例:

例1:

湖北省人民政府公报(2013年第23号)

目 录

GAZETTE OF THE PEOPLE'S GOVERNMENT
OF HUBEI PROVINCE

Issued by the General Office of the
People's Government of Hubei Province

December 1, 2013 No.23 Serial No.199 Semimonthly

体裁分类:政府公报

(注:湖北省人民政府公报整期发布)

例2:

⊡ 当前位置:中国福建 > 政府公报 > 2014年第20期

福建省公共游泳场所管理办法

省政府令第145号

字体显示:大 中 小

《福建省公共游泳场所管理办法》已经2014年6月25日省人民政府第24次常务会议通过,现予公布,自2014年8月1日起施行。

省 长 苏树林
2014年6月28日

福建省公共游泳场所管理办法

第一章 总 则

正题名:福建省公共游泳场所管理办法

体裁分类:规章

出处:福建省人民政府公报 2014 年第 20 期

例3:

兰工信党委发〔2014〕2号

兰州市工业和信息化委员会机关党委
关于对刘翠芬同志给予党内警告处分的通知

机关各支部：

体裁分类：机构文件/奖励处罚

（注：本条政府信息内容为机构内人员的处罚，应分入机构文件下的二级类。）

例4：

中国保监会山西监管局行政处罚决定书　晋保监罚字〔2015〕1号

发布时间：2015-02-09　　分享到：🔲🔲🔲🔲🔲　　【字体：大 中 小】

当事人：山西宏泰保险代理有限公司（以下简称"宏泰保险代理公司"）

机构地址：太原市小店区晋阳街晋瑞苑小区

负责人：张学明

体裁分类：行政职权/行政处罚

（注：本条政府信息内容为政府机构行使本机构职能做出的处罚决定，应分入行政职权下的二级类。）

例5：

◎ 当前位置：首页 ≫ 政务公开 ≫ 部门动态

欢天喜地辞旧岁　尽显才艺迎新年

发布时间：2015-01-05　　来源：　　点击数：　28

　　为了庆祝新年的到来，丰富教师们的校园文化生活，在辞旧迎新之际，百二中全体教师于2014年12月31日下午在多功能厅举办了精彩纷呈的庆新年教职工联欢晚会。

体裁分类：其他信息

（注：栏目属于部门动态，但从内容看，不能标引为工作动态。）

例6：

中华人民共和国国务院令
第658号

　　《中华人民共和国政府采购法实施条例》已经2014年12月31日国务院第75次常务会议通过，现予公布，自2015年3月1日起施行。

总　理　李克强

2015年1月30日

中华人民共和国政府采购法实施条例

第一章 总 则

第一条 根据《中华人民共和国政府采购法》（以下简称政府采购法），制定本条例。

体裁分类：行政法规

四、主题分类

名称：主题分类

定义：依据政府信息的内容属性——主题对其进行分类。

著录内容：按照主题分类表对政府信息的主题进行标引，反映政府信息在内容方面的属性或特征。

注释：

（1）本规则依据国务院办公厅政府信息公开目录的主题分类，将一个具有国务院办公厅个性化特点的一级类——国务院组织机构改为更为通用的类目——组织机构。

（2）主题分类的标引应具有全面性，当一条政府信息的内容涉及多个主题分类时，应标引为多个主题（例1、例2）。

（3）主题分类的标引应具有专指性，要精确揭示政府信息的内容，能标引为二级类时不能标引为其上位类。

（4）总论某一个一级类的政府信息应标引为一级类。

（5）下位类与上位类之间存在隶属关系，是一级类的下位类，其含义受一级类的限制，具有向上兼容的特点，即政府信息标引为某二级类时，其内容也应属于其上级类。在标引时，可根据这一规则判断二级类的标引是否正确。

（6）对相同或相近的政府信息进行标引时，应尽量保证标引结果或标引规则的一致性。

（7）主题的确定应该以信息所反映的内容为准，而不能以信息发布机构、信息中出现的主要人物或主要机构所属的行业为准（例3）。

（8）主题分类可参考发布政府信息的网站制作的元数据，但不能照搬（例4）。

（9）以整期政府公报为著录对象时，主题分类分入其他。

规范文档：主题分类表

必备性：必备

可重复性：可重复

著录范例：

例1：

正题名：我委批复郴州栖凤渡煤矿国有工矿棚户区改造工程可研报告

主题分类：国土资源、能源/煤炭

主题分类：城乡建设、环境保护/城乡建设（含住房）

例2:

丹东市人民政府办公室转发市经信委关于大力扶持丹东满族医药产业发展意见的通知

主题分类:民族、宗教/民族事务

主题分类:卫生、体育/医药管理

例3:

正题名:柳州市审计局举办读书交流活动

主题分类:其他

(注:不能因为政府信息中出现的主要机构是审计局而将主题分类标引为财政、金融、审计/审计)

例4:

索 引 号:000014349/1985-00079	主题分类: 民族、宗教\宗教事务
发布机构: 国务院办公厅、中央军委办公厅	发文日期: 1985年01月03日
名　　称: 国务院办公厅、中央军委办公厅关于黑龙江省军区将哈尔滨文庙移交黑龙江省文物管理委员会管理的批复	
文　　号: 国办函〔1985〕2号	主 题 词:

国务院办公厅、中央军委办公厅关于
黑龙江省军区将哈尔滨文庙移交黑龙江省
文物管理委员会管理的批复

国办函〔1985〕2号

黑龙江省人民政府并黑龙江省军区:

　　黑政函〔1984〕73号函收悉。黑龙江省人民政府根据《文物保护法》的精神,要求把哈尔滨文庙这座仿古建筑群保存下来,并就此与黑龙江省军区达成协议。鉴于哈尔滨文庙的移交与原哈军工院内房地产争议无关,经报国务院、中央军委批准,同意黑龙江省军区将哈尔滨文庙移交黑龙江省文物管理委员会管理,双方要严格按照交接协议书及会商纪要办理。

国 务 院办公厅
中央军委办公厅
一九八五年一月三日

主题分类:民族、宗教/宗教事务

主题分类:文化、广电、新闻出版/文物

(注:来源网站发布的元数据中的主题分类对本条政府信息内容的揭示不够全面,因此,除使用元数据中的宗教事务外,另增加主题——文物。)

五、公文种类

名称:公文种类

定义:公文的种类。

著录内容:按照文种分类表对公文的种类进行标引。

注释:

(1)本规则依据《党政机关公文处理工作条例》第八条。

（2）广义的公文按照其形成和使用的社会领域可以分为通用文书和专用文书。通用文书包括《党政机关公文处理工作条例》中规定的15种法定公文，以及事务性文书。事务性文书是指除法定公文外在公务活动中经常使用到的文书，如计划、总结、调查报告、简报等。专用文书是指在一定的社会活动领域中根据特殊需要专门使用的文件材料，包括外交文书、经济文书、法律文书。公文种类是《党政机关公文处理工作条例》规定的法定公文的属性，因此，事务性文书、专用文书、非公文类政府信息不著录本项。

（3）《党政机关公文处理工作条例》规定了15个公文种类，这15个法定文种之外的公文种类不予著录（例1、例2）。

（4）公文种类具有唯一性，一个公文不能著录两个公文种类。

（5）公文种类主要的著录信息源是公文的标题。公文的标题有标准式、双项式、转文式（具体说明见"正题名"注释1），三种形式共同的特点都是标题中包括文种，且文种都处在标题的结尾（例3）。

（6）复合体公文中的公布令的公文种类为命令（令）（例4），发布类通知的公文种类为通知（例5），公告的公文种类为公告（例6）。

（7）函、批复、议案、意见、通知等文种常采用函的形式发文，此时应根据公文标题进行著录，应注意不能与函的文种混淆（例7）。

（8）属回复性质的函，多在标题中"函"字前加"复"字，公文种类著录为函（例8）。

（9）公报文种适用于公布重要决定或者重大事项，通常可分为新闻公报、联合公报、会议公报、重要信息公报等，在标题中通常在"公报"前有"联合""会议"等字样，公文种类统一著录为公报（例9、例10、例11）。

（10）政府公报具有连续性，其中包含多个公文，而公文种类是针对单篇公文著录的项目，以整期政府公报为著录对象时，不著录本项。

（11）招投标公告是一种经济文书，因此，不著录公文种类（例12）。

（12）当政府信息内容是政府机构发布公文的新闻时，不著录公文种类（例13）。

（13）当政府信息中包含某一公文时，要确定著录对象，不能将被包含公文的种类著录在本项（例14）。

规范文档：文种分类表

必备性：有则必备

可重复性：不可重复

著录范例：

例1：

《关于在干部教育培训中进一步加强学员管理的规定》

中共中央组织部（中组发【2013】8号）

（2013年2月19日）

为进一步加强学员管理、切实改进干部教育培训学风，按照《十八届中央政治局关于改进工作作风、密切联系群众的八项规定》及中央办公厅、国务院办公厅《实施细则》精神，结合干部教育培训工作实际，作出如下规定。

正题名:《关于在干部教育培训中进一步加强学员管理的规定》

公文种类:无

(注:15 个法定公文种类中没有规定,因此,本条政府信息不著录公文种类。)

例 2:

黑龙江省拟任职干部公示名单公示

2008-07-23 15:06:50　来源: 东北网

依据《党政领导干部选拔任用工作条例》规定,为加强干部选拔任用工作的民主监督,现将拟任职的干部进行任前公示(按姓氏笔画为序),公示期限为2008年7月28日~8月5日(7个工作日)。

正题名:黑龙江省拟任职干部公示名单公示

公文种类:无

(注:15 个法定公文种类中没有公示,因此,本条政府信息不著录公文种类。)

例 3:

关于批准2013年第六十三批至六十八建筑业企业安全生产许可证延续的通知(646号)

广西壮族自治区住房和城乡建设厅政务服务中心公告第646号

正题名:关于批准 2013 年第六十三批至六十八建筑业企业安全生产许可证延续的通知(646 号)

公文种类:通知

(注:公文种类的著录信息源是公文的标题,因此,本条公文的公文种类为通知,不能著录为公告。)

例 4:

中华人民共和国国务院令

第653号

《国务院关于修改部分行政法规的决定》已经2014年7月9日国务院第54次常务会议通过,现予公布,自公布之日起施行。

总理　李克强

2014年7月29日

国务院关于修改部分行政法规的决定

为了依法推进行政审批制度改革和政府职能转变,发挥好地方政府贴近基层的优势,促进和保障政府管理由事前审批更多地转为事中事后监管,进一步激发市场活力、发展动力和社会创造力,根据2014年1月28日国务院公布的《国务院关于取消和下放一批行政审批项目的决定》,国务院对取消和下放的行政审批项目涉及的行政法规进行了清理。经过清理,国务院决定:对21部行政法规的部分条款予以修改。

正题名:国务院关于修改部分行政法规的决定

其他题名:中华人民共和国国务院令第 653 号

公文种类:命令(令)

(注:复合体公文不能著录被发布公文的种类,本条政府信息的公文种类不能著录为决定。)

例5:

国务院办公厅转发国家统计局关于
加强和完善部门统计工作意见的通知

国办发〔2014〕60号

各省、自治区、直辖市人民政府,国务院各部委、各直属机构:

国家统计局《关于加强和完善部门统计工作的意见》已经国务院同意,现转发给你们,请认真贯彻执行。

国务院办公厅

2014年12月3日

(此件公开发布)

关于加强和完善部门统计工作的意见

国家统计局

为贯彻党的十八大和十八届二中、三中、四中全会精神,落实党中央、国务院决策部署,进一步提高部门统计工作水平,现就加强和完善部门统计工作提出以下意见。

一、加强和完善部门统计工作的重要意义和基本要求

我国政府统计由国家统计、部门统计和地方统计构成。部门统计是政府统计的重要组成

正题名:国务院办公厅转发国家统计局关于加强和完善部门统计工作意见的通知

其他题名:关于加强和完善部门统计工作的意见

公文种类:通知

(注:复合体公文不能著录被发布公文的种类,本条政府信息的公文种类不能著录为意见。)

例6:

湖南省第十届人民代表大会常务委员会公告

第 90 号

《湖南省人民代表大会常务委员会关于修改〈湖南省人口与计划生育条例〉的决定》于2007年9月29日经湖南省第十届人民代表大会常务委员会第二十九次会议通过,现予公布,自公布之日起施行。

湖南省人民代表大会常务委员会

2007年9月29日

湖南省人民代表大会常务委员会关于修改
《湖南省人口与计划生育条例》的决定

湖南省第十届人民代表大会常务委员会第二十九次会议决定对《湖南省人口与计划生育条例》作如下修改:

正题名:湖南省人民代表大会常务委员会关于修改《湖南省人口与计划生育条例》的决定

其他题名:湖南省第十届人民代表大会常务委员会公告第 90 号

公文种类:公告

(注:复合体公文不能著录被发布的公文的种类,本条的公文种类不能著录为决定。)

例 7:

国务院关于乌鲁木齐市
城市总体规划的批复

国函〔2002〕42号

新疆维吾尔自治区人民政府:

　　你区《关于报请审批乌鲁木齐市城市总体规划的请示》(新政发〔2000〕96号)收悉。现批复如下:

正题名:国务院关于乌鲁木齐市城市总体规划的批复

公文种类:批复

发文字号:国函〔2014〕149 号

(注:公文种类的著录信息源是公文的标题,因此,本条公文的公文种类为批复,不能根据发文字号著录为函。)

例 8:

正题名:关于用地规划意见的复函

发文种类:函

例 9:

正题名:中华人民共和国 2013 年国民经济和社会发展统计公报

公文种类:公报

例 10:

正题名:中国共产党第十七届中央纪律检查委员会第六次全体会议公报

公文种类:公报

例 11:

正题名:中俄总理第十八次定期会晤联合公报

公文种类:公报

例 12:

（重发）奉化市体育馆工程施工招标公告（施工）招标公告

交易登记号：11GC060249

1. 招标条件

本招标项目奉化市体育馆工程己由奉化市发展和改革局以奉发改投[2010]243号批准建设，项目业主为奉化市政府投资项目公共建设管理中心，招标代理单位为宁波中冠工程管理咨询有限公司，建设资金来自自筹，项目出资比例为100%，招标人为奉化市政府投资项目公共建设管理中心。项目己具备招标条件，现对该项目的施工进行公开招标。

正题名：(重发)奉化市体育馆工程施工招标公告(施工)招标公告

公文种类:无

（注:招投标公告不著录公文种类。）

例 13：

您所在的位置:主页 > 新闻资讯 > 市县工作

濮阳市人民政府印发关于进一步做好2014年防震减灾工作的意见

发布时间：2014-04-10 09:30:54　　　　　信息来源：河南省地震局

为进一步做好防震减灾工作，河南省濮阳市制定印发了《濮阳市人民政府办公室关于进一步做好2014年防震减灾工作的意见》。

文件指出：防震减灾事关人民群众生命财产安全和经济可持续发展，也是构建和谐社会、全面建成小康社会奋斗目标的重要保证，防震减灾工作虽然不是中心任务却能影响中心，不是大局却能牵动

正题名:濮阳市人民政府印发关于进一步做好2014年防震减灾工作的意见

公文种类:无

（注:本条政府信息内容是政府机构发布公文的新闻,而不是《意见》本身,因此,不著录公文文种。）

例 14：

审批公示:关于鲁沙尔110千伏输变电工程环境影响报告表的批复

录入时间:2012-08-28 11:29:00　　来源：辐射安全管理处　　　　　🔖加入收藏　🔲大中小　🖨打印此文

一、建设项目环境影响评价文件批复

批复名称：《关于鲁沙尔110千伏输变电工程环境影响报告表的批复》

审批文号：青环发〔2012〕465号

正题名:审批公示:关于鲁沙尔110千伏输变电工程环境影响报告表的批复

公文种类:无

（注:该政府信息是对上图中《批复》公文的公示,不能将公文种类著录为批复。）

六、关键词

名称:关键词

定义:描述政府信息主要内容的受控或非受控词汇。

著录内容:描述政府信息的内容的规范主题词或自然语言词汇。

注释:

(1)关键词应选自以下信息源:①政府信息的题名和正文;②其他受控词表(如:电子政务主题词表);③编目员自拟。应依次按顺序选取。

(2)编目员自拟的关键词可取自以下信息源:其他政府信息、参考工具书和检索工具书、各种新闻媒介、其他。

(3)选词规则:选取的关键词能代表本条政府信息的主要内容,具有专指性;词汇应概念明确、语义清晰,具有单义性;具有检索意义,有利于提高查准率与查全率;应为名词或名词型词组。如由编目员自拟,应选择比较成熟、稳定、具有生命力的主题概念,以常用、惯用、通用为原则,并尽量保持规范、一致。

(4)应客观地揭示政府信息的内容,不应掺杂编目员个人的观点。

(5)应全面地揭示政府信息的内容,可选择多个关键词,中间以半角分号分隔。

(6)应以简练的词汇揭示政府信息的主要内容。关键词的数量不宜超过 10 个。

规范文档:无

必备性:必备

可重复性:可重复

著录范例:

例 1:

正题名:国务院关于促进云计算创新发展培育信息产业新业态的意见

关键词:云计算;信息产业;大数据;自主创新

例 2:

正题名:国务院关于规范国务院部门行政审批行为改进行政审批有关工作的通知

关键词:国务院部门;行政审批;行政职权

七、发文字号

名称:发文字号

定义:公文的发文字号。

著录内容:著录公文的规范的发文字号。

注释:

(1)发文字号是引用和查找公文的重要依据,正规公文一般都有发文字号。《党政机关公文处理工作条例》(第九条)规定:发文字号由发文机关代字、年份、发文顺序号组成。国家标准《党政机关公文格式》(GB/T 9704—2012)对发文字号的格式做了规定:年份、发文顺序号用阿拉伯数字标注;年份应标全称,用六角括号"〔〕"括入;发文顺序号不加"第",不编虚位(即 1 不编为 01),在阿拉伯数字后加"号"字(例 1、例 2)。但是,政府机关在公文中对发文字号具体应用时可能出现不够规范的情况,此时,应遵循客观著录的原则依原样照录。

(2)发文字号是公文的属性,非公文类政府信息不著录本项。

(3)发文字号应首先取自政府信息本身。如政府信息本身无发文字号,可参考来源网站发布的元数据,此时,需要对该元数据中的发文字号进行主观的判断,确认其为正确的发文字号才能著录在本项内(例 3、例 4、例 5)。

(4)命令(令)文种的发文字号有两种写法:①齐全式,机关代字、年号、序号都齐全。此时,应原样照录。②序号式,以令号(发文机关发布命令的顺序号)代替发文字号,如"第 28号",此时,著录发文字号应在令号之前增加"发文机关 + 文种"(例 6)。

(5)通告、公告等公文种类除了有常规发文字号外(例 7、例 8),还往往存在一种情况:在标题下单独编出顺序号。这类编号不作为发文字号著录(例 9、例 10、例 11)。

(6)复合体公文中,被运载、发布的公文往往有自己的发文字号,不能将其著录为复合体公文的发文字号(例 12、例 13)。

(7)附件为公文全文的情况,可从附件中选取发文字号(例 14)。

规范文档:无

必备性:有则必备

可重复性:可重复

著录范例:

例 1:

**国务院办公厅关于实施公路安全
生命防护工程的意见**

国办发 〔2014〕55号

发文字号:国办发〔2014〕55 号

例 2:

**国务院关于对稳增长促改革调结构惠民生
政策措施落实情况开展全面督查的通知**

国发明电 〔2014〕1号

发文字号:国发明电〔2014〕1 号

例 3:

索 引 号：XM00126-04-01-2014-021	文 号：规划公示
发布机构：本站	发文日期：2014-07-09
名 称：厦门市规划局关于拟同意调整H2013P06地块规划设计条件的公示	

厦门市规划局关于拟同意调整H2013P06地块规划设计条件的公示

发文字号：无

（注：来源网站发布的元数据中著录的文号明显不是发文字号，不作为发文字号著录。）

例4：

索 引 号：XM00121-02-06-2013-092	文 号：厦商务〔2013〕313号
发布机构：厦门市商务局	发文日期：20131112
名 称：厦门市商务局关于转发《商务部关于"十二五"期间推动会展业发展的指导意见》的通知	

厦门市商务局关于转发《商务部关于"十二五"期间推动会展业发展的指导意见》的通知

时间：2013-11-12 [大 中 小] 浏览次数：34

各区经贸局、市会展协会、会展企业：

　　为指导国内会展行业更好的发展，商务部对现阶段会展行业工作进行了梳理，并提出指导意见。现将《商务部关于"十二五"期间推动会展业发展的指导意见》（商服贸发[2011]463号）下发给你们，请各单位根据文件精神，结合本单位工作，认真贯彻落实，推动会展行业健康有序发展。

　　特此通知。

　　附件：商务部关于"十二五"期间促进会展业发展的指导意见（商服贸发[2011]463号）

厦门市商务局
2013年9月30日

发文字号：厦商务〔2013〕313号

（注：来源网站发布的元数据中著录的文号较为规范，可判断为发文字号。）

例5：

标　　题：中华人民共和国公路法	
索 引 号：2007-929171435453310	信息分类：法律法规
发文机构：	发文日期：
文　　号：宁交通知〔2007〕19号	主 题 词：

第一章

总 则

第一条 为了加强公路的建设和管理，促进公路事业的发展，适应社会主义现代化建设和人民生活的需要，制定本法。

发文字号:无

(注:来源网站发布的元数据中著录的题名为中华人民共和国公路法,文号为宁交通知〔2007〕19号,尽管发文字号符合规范的格式,但与题名有悖,无法确认该文号为本条公文的文号,因此,不作为发文字号著录。)

例6:

云南省人民政府令

第 190 号

《云南省人工影响天气管理办法》已经 2013 年 12 月 17 日云南省人民政府第 27 次常务会议通过,现予公布,自 2014 年 3 月 1 日起施行。

省　长　李纪恒

2014 年 1 月 17 日

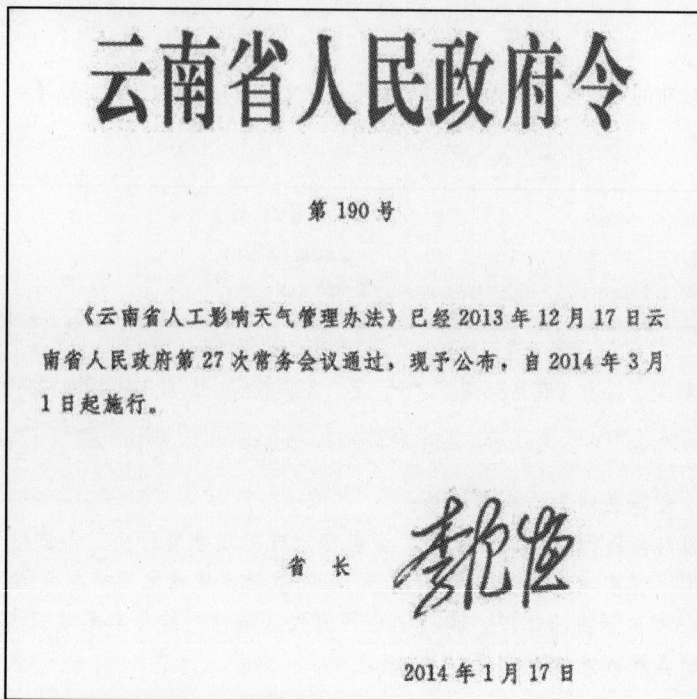

发文字号:云南省人民政府令第 190 号

例7:

阆中市国土资源局国有土地使用权拍卖出让公告(阆国土资告〔2014〕12号)
阆国土资告〔2014〕12号　　　2014-7-18

发文字号:阆国土资告〔2014〕12 号

例8:

工业和信息化部关于公布第三批工业产品质量控制和技术评价实验室名单的通告
【发布时间:2014年04月08日】【来源:科技司】【字号:大 中 小】
工信部科[2014]131号

发文字号:工信部科〔2014〕131 号

例9:

广西壮族自治区人大常委会公告

(十一届第7号)

《广西壮族自治区发展中医药壮医药条例》已由广西壮族自治区第十一届人民代表大会常务委员会第五次会议于2008年11月28日通过,现予公布,自2009年3月1日起施行。

广西壮族自治区人民代表大会常务委员会

2008年11月28日

广西壮族自治区发展中医药壮医药条例

(2008年11月28日广西壮族自治区第十一届人民代表大会常务委员会第五次会议通过)

发文字号:无

例10:

关于免征新能源汽车车辆购置税的公告

【发布时间: 2014年08月06日 】【来源: 装备工业司】【字体: 大 中 小】

中华人民共和国财政部 国家税务总局 中华人民共和国工业和信息化部

公告2014年第53号

发文字号:无

例11:

关于广西第201403批勘察设计单位资质审查意见的公示(14号)

广西壮族自治区住房和城乡建设厅政务服务中心公示第14号

2014/4/21 9:22:30

【字体: 大 中 小】【颜色: 红 绿 蓝 黑】

各市住房和城乡建设主管部门,各有关企业:

发文字号:无

例12:

关于开展2014年度文物博物专业高级职务

任职资格评审工作的通知

各有关单位:

现将《关于开展2014年度全省文物博物高级职务任职资格评审工作的通知》(闽文职改〔2014〕10号)转发给你们,请各单位认真组织,严格按照通知规定做好评议推荐和申报工作,并于2014年5月25日前将材料报送市文化广电新闻出版局职改办,逾期不予受理。

⋯⋯⋯⋯

注：相关表格请从省文化厅网站下载

厦门市文化广电新闻出版局职改办
2014年5月14日

闽文职改〔2014〕10号

关于开展2014年度全省文物博物专业
高级职务任职资格评审工作的通知

各设区市职改办、平潭综合实验区党群工作部和社会事业局，文化广电新闻出版（文化新闻出版）局，省直各有关单位：

发文字号：无

（注：尽管本条政府信息的标题中无"转发"的字样，标题与被转发的公文标题相同，但仍是转发的性质，与被转发的公文是两个不同的著录对象，因此，不能将被转发的公文的发文字号著录在本项。）

例13：

关于转发国务院侨办
《关于转发公安部文件的通知》的通知

京侨发〔2003〕14号

各区、县侨办：
现将国务院侨办《关于转发公安部文件的通知》和公安部文件一并转发给你们，请遵照执行。
在执行过程中如遇有问题，请及时报告我办。

北京市人民政府侨务办公室
二〇〇三年十二月八日

关于转发公安部文件的通知

侨内发〔2003〕157号

各省、自治区、直辖市侨务办公室，新疆生产建设兵团侨务办公室，各副省级城市侨务办公室：
现将公安部公复字〔2003〕4号《公安部关于对取得外国永久居留权的中国公民能否劳动教养问题的批复》一文转发你办，供涉及相关问题时参照执行。

国务院侨务办公室

二〇〇三年十一月四日

公安部关于对取得外国永久居留权的
中国公民能否劳动教养问题的批复

公复字〔2003〕4号

北京市公安局：
你局《关于对取得外国永久居留权的中国公民能否劳动教养的请示》（京公法字〔2003〕641号）收悉。经商国务院侨务办公室和外交部同意，现批复如下：
对取得外国永久居留权的中国公民，在中华人民共和国领域实施违法犯罪行为的，应当在确定其是否属于华侨后，依照有关法律、法规和公安部的规定决定是否予以劳动教养。华侨身份由呈报劳动教养案件的公安机关提请取得外国永久居留权的中国公民的原户籍所在地县级以上人民政府侨务办公室认定。

公安部
二〇〇三年九月十日

发文字号：京侨发〔2003〕14 号

（注：该政府信息包括了两次的转发，被转发的公文各有自己的发文字号，应注意识别。）

例 14：

河南省文物局关于举办全省县级文物管理部门负责人培训班的通知

时间：2014-05-21　　字体：大 中 小

各省辖市、省直管县（市）文物（文化）局：

为进一步加强全省基层文物管理干部队伍建设，促进文物事业健康发展，定于5月下旬举办全省县级文物管理部门负责人培训班。现就有关事项通知如下：一、参加人员

…………

2014年5月20日

附件：培训班报名表
红头文件：豫文物办〔2014〕7号2014年关于举办全省县级文物保护管理所所长

附件：

河南省文物局文件

豫文物办〔2014〕7 号

河南省文物局
关于举办全省县级文物管理部门负责人
培训班的通知

各省辖市、省直管县（市）文物（文化）局：

为进一步加强全省基层文物管理干部队伍建设，促进文物事业健康发展，定于5月下旬举办全省县级文物管理部门负责人培训班。现就有关事项通知如下：

一、参加人员

发文字号：豫文物办〔2014〕7 号

（注：来源网站发布的政府信息没有发文字号的信息，附件为公文的全文，可以选取其中的发文字号。）

八、来源网站发布日期

名称:来源网站发布日期

定义:政府信息在来源网站上的发布时间。

著录内容:著录来源网站发布政府信息的日期。

注释:

(1)著录信息源首选本条政府信息所在的网页(例1)。

(2)若来源网站发布日期与政府信息本身无关,政府信息本身不能作为来源网站发布日期的著录信息源(例2)。

(3)由于无法明确来源网站发布元数据的字段语义,因此,可不选取元数据中的信息。

(4)信息源上出现的时间如果有明确的不同于发布日期的语义,不能著录为来源网站发布日期(例3)。

(5)来源网站发布日期一律用阿拉伯数字著录,格式应符合 ISO 8601[W3CDTF]规范,采用 YYYY-MM-DD(eg 1997 – 07 – 16)的表达方式。如原文为汉字,应转换为阿拉伯数字。如来源网站上的日期未具体到日,不能人工补齐。

规范文档:W3CDTF

必备性:有则必备

可重复性:不可重复

著录范例:

例1:

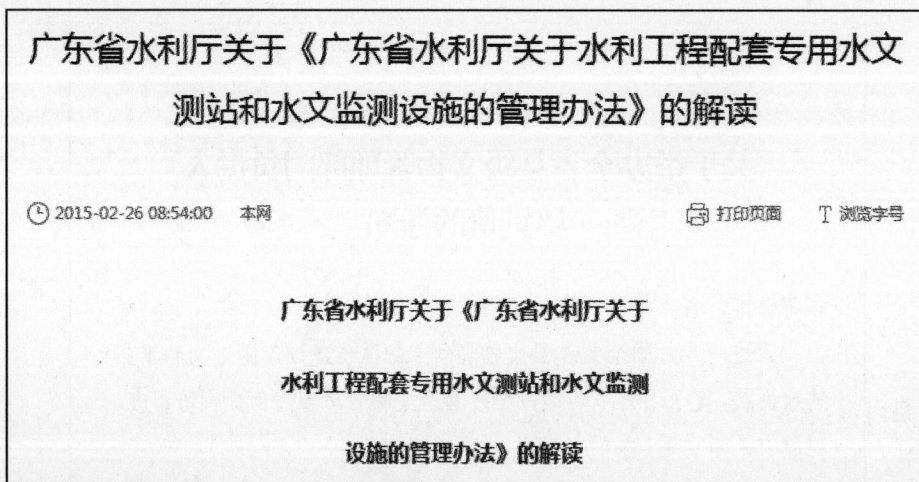

来源网站发布日期:2015 – 02 – 26

例2:

福建省交通运输厅关于同意调整农村客运站点省级补助资金的通知

闽交运〔2014〕281号

[省交通运输厅]　2014-12-20　字号：T｜T

省运管局：

你局《关于调整农村客运站省级补助资金的请示》（闽运管站场〔2014〕12号）悉，经研究，意见如下：

根据省厅相关文件规定，为充分利用农村客运站点省级补助资金，同意将2013年度省级补助项目中9个尚未运营使用的农村客运站点省级补助资金（合计187万元，已拨至你局），调整用于2014年度部分农村客运站点建设计划项目省级补助资金（详见附件）。请你局尽快拨付相关设区市交通运输主管部门，督促相关责任单位完成建设任务，已竣工验收合格的农村客运站点要尽早投入使用，方便群众出行。

附件：1.2013年度部分农村客运站省级补助资金调整用于2014年度部分农村客运站点建设计划项目情况表

2.2013年度部分农村客运站项目暂缓下拨省级补助资金明细表

3.2014年度农村客运站项目下拨省级补助资金明细表

4.2014年度农村候车亭项目下拨省级补助资金明细表

福建省交通运输厅

2014年12月15日

来源网站发布日期：2014－12－20
信息发布日期：2014－12－15

例3：

湘潭市人民政府办公室关于认真做好重点领域政府信息公开工作的通知

编稿时间：2014-11-16　来源：市政务中心　作者：不详　字体：【字体：大 中 小】点击：8

来源网站发布日期：无
（注：编稿时间不是发布时间，因此，不著录为来源网站发布日期。）

九、信息发布日期

名称：信息发布日期
定义：与政府信息生命周期中的发布相关的时刻。
著录内容：著录政府信息自身的形成或发布的日期。
注释：

（1）信息发布日期中的发布指的是政府机构对政府信息的制作、发布等行为，不同于网站对信息的发布，因此，著录内容必须取自政府信息本身，网页上的信息、来源网站发布的元数据等均不作为著录信息源（例1）。

（2）信息发布日期首先应取自正文落款的位置。这一位置的日期主要有以下几种含义：①一些公文种类在此位置标明成文日期，即发文机关领导正式签发公文的日期。如：决定。

②一些公文种类在此位置标明发文日期。如:命令(令)。③一些公文种类在此位置标明公文提出日期。如:议案。④非公文类的政府信息在此位置标明发布日期。如:招投标信息。

(3)一些公文种类在标题之下列有发文日期,而落款处省略发文日期。此时,信息发布日期可以取自公文标题之下(例2)。

(4)如在落款处或标题下没有信息发布日期,则不著录。

(5)公文中没有成文日期、发文日期时,公文的印发日期可以作为信息发布日期著录(例3)。如果有成文日期、发文日期,应不著录印发日期(例4)。

(6)来源网站发布的元数据中的发文日期与本规则中的信息发布日期的语义不一定相同,因此,不能将来源网站发布的元数据中的发文日期作为参考(例5)。

(7)在公文的标题下有时会加括号写明通过或批准公文的机构或日期等信息,称为题注。题注中出现的通过、批准、修正、修订、宣读等日期,不作为信息发布日期著录(例6,例7)。

(8)在复合体公文中应注意区别复合体公文与被载运、发布的公文的发布日期,不能将被载运、发布的公文的发布日期著录于此(例8)。

(9)信息发布日期一律用阿拉伯数字著录,格式应符合 ISO 8601[W3CDTF]规范,采用 YYYY-MM-DD(eg 1997 - 07 - 16)的表达方式。如原文为汉字,应转换为阿拉伯数字(例9)。如日期未具体到日,不能人工补齐。

(10)如果正文落款位置的日期有明显的错误,如果能确定正确的日期,应著录正确的日期,如果编目员不能确定正确日期时,仍应客观著录(例10)。

(11)以整期政府公报为著录对象时,由于政府公报一般都已出版,可将出版日期作为信息发布日期著录。

规范文档:W3CDTF

必备性:有则必备

可重复性:不可重复

著录范例:

例1:

索引号:0000143438/2014-07338	分类:质量监督;通知
发布机构:省质监局	发文日期:2014年12月04日
名　称:省质监局关于开展2014年特种设备统计年报工作的通知	
文　号:鄂质监特函(2014)516号	主题词:

············

(四)各填报单位要加强填报人员的培训,挑选责任心强、工作细致、有一定统计工作经验的同志负责统计工作,人员要固定,责任要明确,时间要保证,工作要支持。填报人员的姓名及联系方式12月20日前报湖北特检院张杰(联系方式15629017658),以便工作联系。

湖北省质量技术监督局

2014年12月10日

信息发布日期:2014 - 12 - 10

(注:信息发布信息首先取自正文落款的位置,不能取自来源网站发布的元数据中的发文日期。)

例2:

渔业工作专题会议纪要

专题会议纪要第65期

云南省人民政府办公厅
二○○八年七月三日

2008年6月6日，孔垂柱副省长主持召开由省发展改革委、财政厅、水利厅、农业厅、农开办等有关部门负责人参加的专题会议，之后于6月13日至14日在曲靖市罗平县召开全省渔业工作现场会议，回顾总结近年来全省渔业工作情况，全面分析渔业发展形势，研究并部署今年和今后一个时期加快推进渔业发展的工作。纪要如下。

…………

参会人员：省人民政府孔垂柱、白建坤，省发展改革委李新平，省经委刘亚伟，省科技厅洪世奇，省财政厅刘德强，省国土资源厅何祝平，省交通厅王德忠，省水利厅杨新荣，省农业厅段兴祥、张泽军，省林业厅刘全英，省商务厅王开良，省政府研究室杨士吉，省环保局陀正阳，省统计局徐力，省工商局任太文，省质监局张大东，省安监局张丽萍，省法制办杨宏敏，省扶贫办周学均，省政府金融办李滨，省农开办赵新黔，省生物产业办李晓霞，省农科院孔令明，云南农业大学邓军明，云南出入境检验检疫局但国义，昆明海关张国丽，农行云南省分行杨光廷，省农村信用社联合社万仁礼。

信息发布日期：2008 – 07 – 03

（注：正文落款处无发布日期，取标题下的日期著录为信息发布日期。）

例3：

第二十四条 本办法自发布之日起施行。

抄送：市委办公厅、人大常委会办公厅、政协办公厅。
赤峰市人民政府办公厅秘书处　　　2014年10月27日印发

信息发布日期：2014 – 10 – 27

例4：

厦门市商务局

2014年8月26日

厦门市商务局办公室　　　　2014年8月27日印发

信息发布日期:2014 – 08 – 26

例5:

● 索引号:	20110609143318995934247	● 发布机构:	佛山市南海区人民政府
● 发文日期:	2011年5月26日	● 文号:	南府（2011）148号
● 名称:	关于批转《佛山市南海区区级制造业行业协会扶持办法》的通知		
● 主题词:	经济管理 办法 通知	● 公报期号:	第2期

关于批转《佛山市南海区区级制造业
行业协会扶持办法》的通知

各镇人民政府、街道办事处，区有关单位：

现将区经济促进局（经贸）制订的《佛山市南海区区级制造
业行业协会扶持办法》批转给你们，请认真贯彻执行。

二〇一一年五月二十四日

信息发布日期:2011 – 05 – 24

（注:落款处的发布日期与元数据中的发文日期不同,应取落款处的日期。）

例6:

中华人民共和国老年人权益保障法

（1996年8月29日第八届全国人民代表大会常务委员会第二十一次会议通过　根据2009年8月27日第十一届全国人民代表大会常务委员会第十次会议《关于修改部分法律的决定》修正　2012年12月28日第十一届全国人民代表大会常务委员会第三十次会议修订）

目录

第一章　总　　则

信息发布日期:无

（注:题注中的各种日期不作为信息发布日期著录）

例7:

哈尔滨市城市绿化条例

（2014年6月20日哈尔滨市第十四届人民代表大会常务委员会第十五次会议通过，
2014年8月14日黑龙江省第十二届人民代表大会常务委员会第十三次会议批准）

信息发布日期:无

例8:

> 关于转发国务院侨办
> 《关于转发公安部文件的通知》的通知
>
> 京侨发〔2003〕14号
>
> 各区、县侨办:
> 　　现将国务院侨办《关于转发公安部文件的通知》和公安部文件一并转发给你们，请遵照执行。
> 　　在执行过程中如遇有问题，请及时报告我办。
>
> 北京市人民政府侨务办公室
> 二〇〇三年十二月八日
>
> 关于转发公安部文件的通知
>
> 侨内发〔2003〕157号
>
> 各省、自治区、直辖市侨务办公室，新疆生产建设兵团侨务办公室，各副省级城市侨务办公室:
> 　　现将公安部公复字〔2003〕4号《公安部关于对取得外国永久居留权的中国公民能否劳动教养问题的批复》一文转发你办，供涉及相
> 关问题时参照执行。
>
> 国务院侨务办公室
>
> 二〇〇三年十一月四日
>
> 公安部关于对取得外国永久居留权的
> 中国公民能否劳动教养问题的批复
>
> 公复字〔2003〕4号
>
> 北京市公安局:
> 　　你局《关于对取得外国永久居留权的中国公民能否劳动教养的请示》（京公法字〔2003〕641号）收悉。经商国务院侨务办公室和外
> 交部同意，现批复如下:
> 　　对取得外国永久居留权的中国公民，在中华人民共和国领域实施违法犯罪行为的，应当在确定其是否属于华侨后，依照有关法律、
> 法规和公安部的规定决定是否予以劳动教养。华侨身份由呈报劳动教养案件的公安机关请取得外国永久居留权的中国公民的原户籍所在地
> 县级以上人民政府侨务办公室认定。
>
> 公安部
> 二〇〇三年九月十日

信息发布日期:2003 - 12 -08

（注:不能将被转发的两个公文的发布日期著录在此项。）

例9:

> 中华人民共和国国务院令
>
> 第 525 号
>
> 　　《生猪屠宰管理条例》已经2007年12月19日国务院第201次常务会议修订通过，现将修订
> 后的《生猪屠宰管理条例》公布，自2008年8月1日起施行。
>
> 总　理　温家宝
> 二〇〇八年五月二十五日
>
> 生猪屠宰管理条例
>
> （1997年12月19日中华人民共和国国务院令第238号发布　2007年12月19日国务院第201次
> 常务会议修订通过）

信息发布日期:2008－05－25

(注:按规范格式著录信息发布日期。原文中为汉字,应改为阿拉伯数字。)

例10:

山西省国土资源厅关于运城东〈桐乡〉500千伏输变电工程建设项目用地预审的复函

作者:规划处

文章来源:本站原创 点击数:592 更新时间:2013-9-11 16:07:58

晋国土资函〔2013〕499号

············

　　七、依据《建设项目用地预审管理办法》的规定,建设项目用地预审文件有效期为两年,本文件有效期至2015年6月20日。

山西省国土资源厅

2015年6月20日

信息发布日期:2013－06－20

(注:依据正文中的内容判断,落款处的日期错误。由更新时间、有效期综合判断,正确日期为2013－06－20。)

十、实施日期

名称:实施日期

定义:与政府信息生命周期中的实施相关的时刻。

著录内容:著录政府信息实施的日期。

注释:

(1)实施日期的定义是政府信息本身的实施日期,著录信息源为政府信息本身、来源网站发布的元数据。应依次按顺序选取(例1、例2)。

(2)实施日期一般出现在正文的开始或结尾的位置(例3、例4)。

(3)实施日期一律用阿拉伯数字著录,格式应符合 ISO 8601［W3CDTF］规范,采用 YYYY-MM-DD(eg 1997－07－16)的表达方式。如原文为汉字,应转换为阿拉伯数字。如日期未具体到日,不能人工补齐。

规范文档:W3CDTF

必备性:有则必备

可重复性:不可重复

著录范例:

例1:

中华人民共和国民政部令 第35号

《救灾捐赠管理办法》已经2007年10月26日第二次部务会议原则通过,现予公布,自公布之日起施行。

部长:李学举
二00八年四月二十八日

实施日期:2008 - 04 - 28

例2:

索 引 号:000014349/2014-00549　　　　　统一登记号:CSCR-2014-07003
公开责任部门:市政府法制办　　　　　　　发文日期:2014-06-13
生效日期:2014-06-13　　　　　　　　　　信息时效期:2019-06-13
名　　　称:长沙市公安局关于印发《长沙市常住户口登记管理规定》的通知
公开方式:政府网站　　　　　　　　　　　公开范围:全部公开

实施日期:2014 - 06 - 13

例3:

第四十六条　中国人民解放军所属博物馆依照军队有关规定进行管理。
第四十七条　本条例自2015年3月20日起施行。

实施日期:2015 - 03 - 20

例4:

中华人民共和国国务院令

第 587 号

　　《国务院关于修改〈中华人民共和国发票管理办法〉的决定》已经2010年12月8日国务院第136次常务会议通过,现予公布,自2011年2月1日起施行。

实施日期:2011 - 02 - 01

十一、废止日期

名称:废止日期
定义:与政府信息生命周期中的废止相关的时刻。
著录内容:著录政府信息被废止的日期。
注释:
　　(1)党政机关发布的公文,因超过了有效期限或形势发生变化,公文内容与实际情况不相适应,要以新文代替旧文时,需要进行撤销和废止。必须由发文机关、上级机关或者权力机关根据职权范围和有关法律法规做出撤销或废止的决定。被撤销公文,视为自始无效,被废止的公文视为自废止之日起失效。

(2)废止日期的定义是政府信息本身的废止日期,著录信息源为政府信息本身、来源网站发布的元数据、其他相关政府信息(例1、例2)。

(3)废止日期一般有两种情况:①修订过的公文在实施的同时往往会同时废止原公文,因此,废止日期通常会出现在该政府信息变更后的新信息的正文中(例3)。②在本条政府信息中进行有效期的说明(例4)。

(4)废止日期一律用阿拉伯数字著录,格式应符合 ISO 8601〔W3CDTF〕规范,采用YYYY-MM-DD(eg 1997 – 07 – 16)的表达方式。如原文为汉字,应转换为阿拉伯数字。如日期未具体到日,不能人工补齐。

规范文档:W3CDTF

必备性:有则必备

可重复性:不可重复

著录范例:

例1:

索 引 号:000014349/2014-00549	统一登记号:CSCR-2014-07003
公开责任部门:市政府法制办	发文日期:2014-06-13
生效日期:2014-06-13	信息时效期:2019-06-13
名　　称:长沙市公安局关于印发《长沙市常住户口登记管理规定》的通知	
公开方式:政府网站	公开范围:全部公开

废止日期:2019 – 06 – 13

例2:

第十条 本办法由市发展和改革委员会负责解释。

第十一条有效期限。本办法自2013年1月1日起实行,有效期为3年。

废止日期:2016 – 01 – 01

例3:

　　第一百一十五条　本条例自2004年5月1日起施行。1960年2月11日国务院批准、交通部发布的《机动车管理办法》,1988年3月9日国务院发布的《中华人民共和国道路交通管理条例》,1991年9月22日国务院发布的《道路交通事故处理办法》,同时废止。

(注:可依据此条政府信息对第一百一十五条提到的三个公文补充废止日期。)

例4:

本实施意见自发文之日起执行，有效期五年。

四川省人民政府

2013年9月17日

废止日期:2018 – 09 – 17

十二、原索引号

名称:原索引号

定义:来源网站发布的元数据中的索引号。

著录内容:著录来源网站发布的元数据中的索引号,该索引号通常承担着从元数据指向对象数据的功能。

注释:

(1)国务院办公厅制定的《政府信息公开目录服务系统技术规范》的《政府信息公开目录:核心元数据》中设置了索引号,为必选项。其定义为指向具体政府公开信息的索引编号,它是政府公开信息的唯一不变的标识符。在该技术规范的附录三中,规定了政府公开信息资源索引号的编码规则。索引号由前段码和后段码两部分组成,前段码共 9 位,采用遵循国家组织机构代码标准(GB11714)的组织机构代码,后段码共 10 位,由 4 位阿拉伯数字形式的年份、"–"分隔符和 5 位阿拉伯数字顺序号组成(例1)。

(2)一些政府机构为政府信息制作的元数据中的索引号未遵循《政府信息公开目录服务系统技术规范》规定的编码规则,仍可著录在本项(例2)。

(3)索引号的著录信息源为来源网站发布的元数据。

(4)应按照来源网站发布的元数据的原样照录。

规范文档:无

必备性:有则必备

可重复性:不可重复

著录范例:

例1:

索引号:	000014349/2015-00014	主题分类:	财政、金融、审计\财政
发文机关:	国务院	成文日期:	2015年01月30日
标　题:	中华人民共和国政府采购法实施条例		
发文字号:	国令第658号	发布日期:	2015年02月27日
主题词:			

中华人民共和国国务院令

第658号

《中华人民共和国政府采购法实施条例》已经2014年12月31日国务院第75次常务会议通过，现予公布，自2015年3月1日起施行。

总　理　李克强

2015年1月30日

原索引号:000014349/2015－00014

例2:

索 引 号:	4500-0-19-75-20140325-0015271	文　号:	桂国土资办（2014）75号	发布机构:	广西国土资源厅
生成日期:	2014年3月25日	主题分类:	资质管理\土地估价师审批	主 题 词:	

广西壮族自治区国土资源厅办公室关于组织开展2014年全国土地估价师资格考试工作的通知

发表时间: 2014-03-25 10:58:11　　作者:　　来源: 土地利用处　　浏览: 12744

桂国土资办〔2014〕75号

原索引号:4500－0－19－75－20140325－0015271

十三、其他标识号

名称:其他标识号

定义:在政府信息中出现的与本政府信息相关的标识号。

著录内容:著录除发文字号、原索引号外的出现在政府信息中的标识号。

注释:

(1)其他标识号是对政府信息中涉及的标识号进行客观完整的记录,因此,不区分各类标识号的含义,均可著录在本项。著录信息源包括政府信息自身、政府信息所在网页、来源网站发布的元数据。

(2)著录在其他标识号中最常见的是一些编号,如公文编号、项目编号等(例1、例2、例3)。

(3)应按照标识号在政府信息中出现的原样照录。

(4)发文字号、原索引号、其他标识号三项著录内容不同,应进行区分。发文字号著录的是政府信息自身规范的发文字号;原索引号著录的是为政府信息赋予的标识号,一般取自于来源网站发布的元数据;其他标识号著录的是除发文字号、原索引号之外的在政府信息中出现的较为重要的标识号。

规范文档:无

必备性:有则必备

可重复性:可重复

著录范例:

例1:

县道698线K0+000~K67+200段沥青路面中修工程 [GXTZ-ZB-2013第（431）号]中标结果公告

2013年09月18日 17:27 来源：广西壮族自治区桂东公路管理局 浏览：126人

打印此文

一、项目名称： 县道 698 线 K0+000~K67+200 段沥青路面中修工程

二、项目编号： GXTZ-ZB-2013 第（431）号

三、招标方式：公开招标

四、投标报名时间：2013 年 8 月 29 日至 2013 年 9 月 4 日

其他标识号:GXTZ－ZB－2013 第(431)号

例2:

宜州市安马大桥工程中标公示（项目编号：YZZC2013G2024--NNPZ）

2014年01月21日 15:23 来源：宜州市交通运输局 浏览：402人

其他标识号:YZZC2013G2024－－NNPZ

例3:

省科技厅综合楼办公楼维修政府采购竞争性谈判公告

--鄂财采认〔2014〕-17883号

发布时间：2014-12-08 发布部门：后勤中心 ❘ 分享 ▾ ❘ 阅读次数：66

依据省财政厅鄂财采认〔2014〕-17883号采购计划下达函要求，拟就我厅会展服务采购项目进行竞争性谈判采购，欢迎符合条件的供应商参加报价。

一、采购项目编号：鄂财采认〔2014〕-17883号。

其他标识号:鄂财采认〔2014〕－17883 号

十四、信息发布机构

名称:信息发布机构

定义:依法对政府信息的完整性、权威性、真实性等负有责任的发布机构。

著录内容:著录政府信息自身的创建或发布的机构名称。

注释:

(1)信息发布机构一般包括以下三类:一是行政机关,二是法律法规授权的具有管理公共事务职能的组织,三是与群众利益密切相关的公共企事业单位。

(2)信息发布机构中的发布指的是政府机构对政府信息的制作、发布等行为,不同于网站对信息的发布,因此,著录内容必须取自政府信息本身,网页上的信息、网站制作的元数据等均不作为著录信息源。

(3)正文落款处的署名一般为制发公文的机关的全称或规范简称,应原样照录(例1)。如没有文字,而只有公章,可使用公章所标明的机构名称(例2)。

(4)信息发布机构应首先取自正文落款的位置(例3)。

(5)一些公文种类在公文标题中列有发文机关名称,落款处则省略署名,如:公报、通告等。此时,信息发布机构可以取自公文标题(例4)。

(6)一些公文种类在公文标题之下列有发文机关名称,落款处则省略署名,如:公报等。此时,信息发布机构可以取自公文标题之下(例5)。

(7)在复合体公文中应注意区别复合体公文与被载运、发布的公文的发文机构,不能将被载运、发布的公文的发文机构著录于此。复合体公文的信息发布机构应取自被载运、发布的公文之前的位置(例6)。

(8)一些公文(如命令)的署名位置为发令人的领导职务和姓名时,著录规则为:签署者职务为全国或地方各级人民代表大会常务委员会委员长时,信息发布机构著录为全国或地方各级人民代表大会常务委员会;签署者职务为国家主席时,信息发布机构著录为国家主席;签署者职务为中央军委主席时,信息发布机构著录为中央军委;签署者职务为国务院总理时,信息发布机构著录为国务院;签署者职务为国务院部委部长、主任时,信息发布机构著录为国务院部委;签署者职务为地方各级人民政府主要领导人时,信息发布机构著录为地方各级人民政府。机构名称的著录依照本条政府信息中出现的原样照录(例7、例8、例9、例10、例11)。

(9)一般不将个人作为信息发布机构著录(例12)。

(10)信息发布机构应按照政府信息自身的原样著录,但当落款处的机构名称有缺失,导致语义不明确,影响对机构名称的识别时,如果能确定正确的补充内容,为了保证检索和汇集的功能,应由编目员补齐。在补充时,应尽量从本条政府信息中选择规范的机构名称。如果编目员不能确定所补充内容正确时,仍应客观著录(例13、例14)。

(11)信息选取位置上出现的机构如果标出明确的不同于发布机构的语义,不应作为信息发布机构著录(例15、例16)。

规范文档:无

必备性:有则必备

可重复性:可重复

著录范例:

例1:

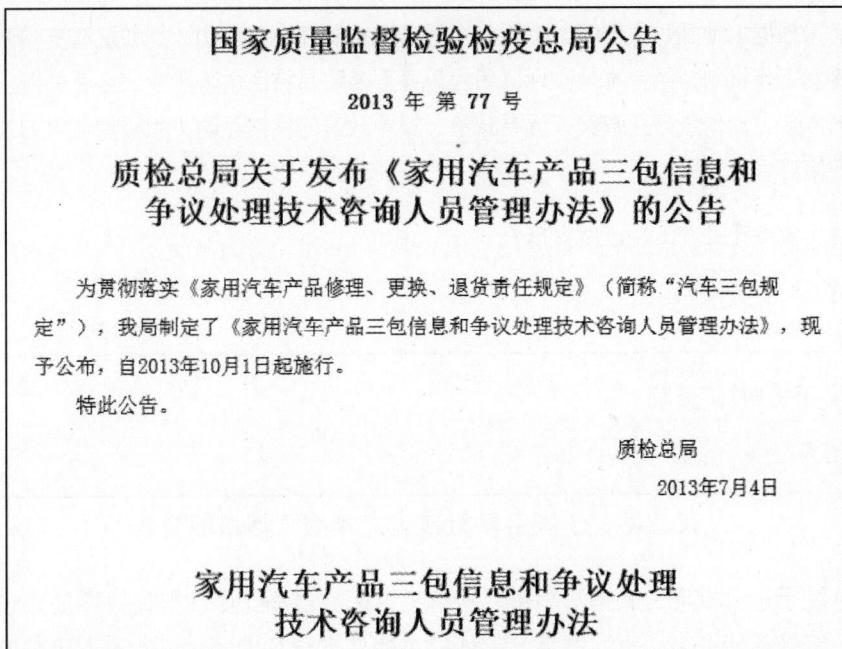

信息发布机构:质检总局

(注:质检总局为规范简称,应原样照录。)

例2:

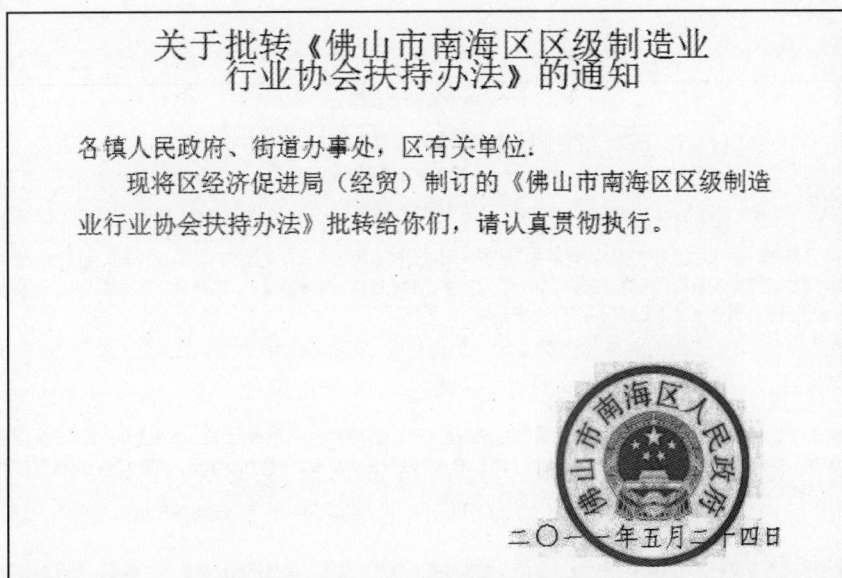

信息发布机构:佛山市南海区人民政府
（注:落款处无文字形式的发布机构,信息取自公章中内容。）

例3：

> （二十一）各地区、各有关部门要从全局和战略的高度，充分认识大力发展服务贸易的重要意义，根据本地区、本部门、本行业实际情况，制订出台行动计划和配套支持政策。各地区要建立工作机制，结合本地实际，积极培育服务贸易特色优势产业。各有关部门要密切协作，形成合力，促进产业政策、贸易政策、投资政策的良性互动，积极营造大力发展服务贸易的政策环境。
>
> 附件：重点任务分工及进度安排表
>
> 国务院
> 2015年1月28日

信息发布机构:国务院

例4：

> ## 民政部关于国务院批准设立地级三沙市的公告
>
> 国务院于近日批准，撤销海南省西沙群岛、南沙群岛、中沙群岛办事处，设立地级三沙市，管辖西沙群岛、中沙群岛、南沙群岛的岛礁及其海域。三沙市人民政府驻西沙永兴岛。

信息发布机构:民政部
（注:本条政府信息落款处无机构名称,选取标题中的机构名称。）

例5：

> ### 中华人民共和国
> ### 2013年国民经济和社会发展统计公报[1]
> 中华人民共和国国家统计局
> 2014年2月24日
>
> 2013年，面对错综复杂的国内外形势，党中央、国务院团结带领全国各族人民深入贯彻落实党的十八大精神，坚持稳中求进工作总基调，坚持宏观政策要稳、微观政策要活、社会政策要托底的思路，统筹稳增长、调结构、促改革，探索创新宏观调控方式，经济社会发展稳中有进、稳中向好，实现了良好开局。
>
> ············
>
> 全年各类生产安全事故共死亡69434人。亿元国内生产总值生产安全事故死亡人数为0.124人，比上年下降12.7%；工矿商贸企业就业人员10万人生产安全事故死亡人数为1.52人，下降7.3%；道路交通万车死亡人数为2.3人，下降8.0%；煤矿百万吨死亡人数为0.288人，下降23.0%。
>
> **注释：**
>
> [1]本公报中数据均为初步统计数。各项统计数据均未包括香港特别行政区、澳门特别行政区和台湾省。部分数据因四舍五入的原因，存在着与分项合计不等的情况。

信息发布机构:中华人民共和国国家统计局

(注:政府信息落款处无机构名称,选取题名下方的机构名称著录在本项。)

例6:

> ### 国务院关于印发落实"三互"
> ### 推进大通关建设改革方案的通知
> 国发〔2014〕68号
>
> 各省、自治区、直辖市人民政府,国务院各部委、各直属机构:
>   现将《落实"三互"推进大通关建设改革方案》印发给你们,请认真贯彻执行。
>
>   国务院
>   2014年12月26日
>
> ### 落实"三互"推进大通关建设改革方案
>
>   按照《中共中央关于全面深化改革若干重大问题的决定》精神和国务院决策部署,为落实"推动内陆同沿海沿边通关协作,实现口岸管理相关部门信息互换、监管互认、执法互助"的重大举措,制定本改革方案。

信息发布机构:国务院

例7:

> ## 中华人民共和国全国人民代表大会常务委员会委员长令
> ## (五届第13号)
>
> 中国人大网 www.npc.gov.cn   浏览字号:小中大   打印本页 关闭窗口
>
>   中华人民共和国第五届全国人民代表大会第四次会议于1981年12月13日通过了《中华人民共和国外国企业所得税法》,现予公布,自1982年1月1日起施行。
>
>   委员长 叶剑英
>   1981年12月13日

信息发布机构:中华人民共和国全国人民代表大会常务委员会

(注:公文落款处无机构名称,信息发布机构名称取自公文标题。)

例8:

> 中 华 人 民 共 和 国 国 务 院
> 中华人民共和国中央军事委员会   令
>
>   第 521 号
>
>   现公布《武器装备科研生产许可管理条例》,自2008年4月1日起施行。
>
>   国 务 院 总 理   温家宝
>   中央军委主席   胡锦涛
>   二〇〇八年三月六日

武器装备科研生产许可管理条例

第一章 总 则

第一条 为了维护武器装备科研生产秩序,加强武器装备科研生产安全保密管理,保证武器装备质量合格稳定,满足国防建设的需要,制定本条例。

信息发布机构:国务院;中央军委

(注:信息发布机构名称取自落款,不著录领导职务和姓名。)

例9:

中华人民共和国主席令

第三十一号

《中华人民共和国立法法》已由中华人民共和国第九届全国人民代表大会第三次会议于2000年3月15日通过,现予公布,自2000年7月1日起施行。

中华人民共和国主席 江泽民

2000年3月15日

中华人民共和国立法法

(2000年3月15日第九届全国人民代表大会第三次会议通过)

信息发布机构:中华人民共和国主席

(注:信息发布机构名称取自落款。)

例10:

中华人民共和国教育部令

中华人民共和国教育部令第36号

《普通高等学校招生违规行为处理暂行办法》已经2014年6月9日第17次部长办公会议审议通过,现予公布,自公布之日起施行。

教育部部长 袁贵仁

2014年7月8日

普通高等学校招生违规行为处理暂行办法

第一章 总则

信息发布机构：教育部

（注：信息发布机构名称取自落款，不著录领导职务和姓名。）

例11：

安徽省人民政府令第72号

2002-9-5

《安徽省预算外资金管理办法》已经1996年6月11日省人民政府第102次常务会议通过，现予发布施行。

省　长　　回良玉

一九九六年六月二十日

安徽省预算外资金管理办法

第一章　总　则

信息发布机构：安徽省人民政府

（注：公文落款处无机构名称，信息发布机构名称取自公文标题。）

例12：

刘志勇指出，目前珠江－西江经济带规划作为自治区政协的"一号提案"即将上升为国家战略。贵港市作为西江经济带的重要节点，将起到承东启西的作用，贵港市要积极争取政策支持，获得更多发展机遇，力争更快发展速度，取得更大发展成功，真正将贵港建成西江黄金水道上的核心城市。　　（贵港市港航管理局　吴晓敏　贵港市交通运输局　刘泽林　覃正航）

信息发布机构：无

（注：括号中的个人不能作为信息发布机构著录。）

例13：

自治区食品药品监管局办公室 卫生厅办公室关于印发广西壮族自治区医疗机构医疗器械专项检查方案的通知

2014-04-17 14:43:42　　浏览：7

各市食品药品监督管理局、卫生局：

根据《广西壮族自治区食品药品监督管理局办公室关于印发2014年全区医疗器械监管工作要点的通知》（桂食药办〔2014〕25号）安排，结合国家食品药品监督管理总局《关于印发医疗器械"五整治"专项行动方案的通知》（食药监械监〔2014〕24号）要求，为了进一步加强全区医疗机构医疗器械的管理，防范安全风险，自治区食品药品监督管理局、自治区卫生厅决定在近期开展全区医疗机构医疗器械专项检查。现将《广西壮族自治区医疗机构医疗器械专项检查方案》印发给你们，请认真组织实施。

自治区食品药品监管局办公室　　　　自治区卫生厅办公室

2014年3月24日

信息发布机构:广西壮族自治区食品药品监管局办公室;广西壮族自治区卫生厅办公室

(注:信息不完整,对使用有较大影响,按照信息来源网站及政府信息的内容判断缺失内容为广西壮族,著录时予以补全。)

例14:

询价采购公告

近期,南宁海关机关服务中心将通过询价方式对邕州海关招牌及牌匾项目进行采购,诚邀合格供应商参加竞标,现将有关事项公告如下:

一、项目名称:邕州海关招牌及牌匾

二、采购内容:招牌及牌匾一批。如需进一步了解细内容,请到广西南宁市中秀路1号,南宁海关机办公楼1楼109室机关服务中心经营管理部领取采购询价通知书。

三、竞标人资格:(一)、国内注册(须按国家有关规定要求注册的)生产或经营本次招标采购货物,具备法人资格的供应商。 (二)、符合《中华人民共和国政府采购法》第二十二条的规定。

四、竞标文件递交截止时间:2013年8月7日上午12时正

五、递交竞标文件地点:广西南宁市中秀路1号,南宁海关机办公楼1楼109室机关服务中心经营管理部。

六、领取询价通知书注意事项

时间:2013年8月1日至2013年8月7日(正常上班时间)

地点:广西南宁市中秀路1号,南宁海关机办公楼1楼109室机关服务中心经营管理部。

七、联系人及电话

韦华兵 5368532(办公室)

罗建全 5368533(办公室)

机关服务中心
2013年8月1日

信息发布机构:南宁海关机关服务中心

(注:信息不完整,对使用有较大影响,按照政府信息的内容判断缺失内容为南宁海关,著录时予以补全。)

例15:

我委批复安仁火车站至县城公路工程可行性研究报告

来源:新闻信息中心　　时间:2014年12月19日　　作者:　　阅读:90

12月17日,我委以湘发改基础〔2014〕1179号文《关于安仁火车站至县城公路工程可行性研究报告的批复》,同意建设安仁火车站至县城公路。项目起于安仁火车站站前大道,经军山,止于安仁县城西,与已建的安仁工业大道相接。线路全长5.97公里。项目全线采用一级公路标准建设,设计速度采用80公里/小时,路基宽度21.5米,全线桥涵设计汽车荷载等级采用公路-Ⅰ级。项目由安仁县道路工程建设有限责任公司担任项目法人,负责该项目的筹资、建设和管理。项目总投资估算为11558万元,建设资金来源为:除国省补助资金外,其余资金全部由郴州市和安仁县筹措解决。

承办处室:基础处

联系方式:0731-89991010

信息发布机构:无

(注:不能将承办处室著录为信息发布机构。)

例16:

湖南图书馆:

你单位《关于何坚等五位同志辞职的请示》收悉。根据《全民所有制事业单位专业技术人员和管理人员辞职暂行规定》（人调发〔1990〕19号）、《国务院办公厅转发人事部关于在事业单位试行人员聘用制度意见的通知》（国办发〔2002〕35号）精神，经研究，批准何坚、左沛、严勃、张蓓、李芳瑜辞职，按人事政策规定办理相关手续。

此复。

湖南省文化厅

2014年6月11日

作者:人事教育处

信息发布机构:湖南省文化厅

（注:不能将人事教育处著录为信息发布机构。）

十五、转载来源

名称:转载来源

定义:政府信息的转载信息。

著录内容:著录政府信息转载自某信息来源。

注释:

（1）转载来源是指该政府信息在来源网站发布之前曾由某一传播媒介（如网站、连续出版物等）进行过发布（出版），此时，著录转载来源（例1、例2）。

（2）转载要与公文的批转或转发进行区分。批转是上级机关对下级机关公文批复、转发的一种特有的文书处理形式,转发是对上级机关、平级机关和不相隶属机关文书的处理形式。该类公文与被批转或转发的公文具有不同的公文标题、发文字号、发文机构、发文日期等,在标题上有批转或转发的字样。而转载是指对已被发布（出版）过的政府信息不做修改在本网站上进行再次的发布。

（3）转载来源的著录内容一般取自网页上标明的"转载来源:""来源:",是否为转载来源需进行判断。

（4）由于转载说明了政府信息之前的一次发布（出版）行为,因此,机构（无论是本单位内设机构还是其他机构）或个人不著录在转载来源（例3、例4、例5）。

（5）转载来源与信息来源不能相同。

（6）网页上的信息中有明确的不同于转载来源语义的内容,不应作为转载来源著录（例6）。

（7）转载来源的著录应按网页上的原样照录。如果其中出现与转载来源无关的信息,编目员可在保证其正确性的前提下进行修改(例7)。

规范文档:无

必备性:有则必备

可重复性:不可重复

著录范例:

例1:

改革是当代中国经济社会发展的不竭动力,过去30多年来,中国坚持市场取向持续不断的改革。在此过程中,财税体制作为改革的突破口和先行军,进行了多次重大变革,与各方面改革相配合,推动了经济、社会的根本性变革,国家的财政实力也不断壮大,财政状况总体健康。尽管改革和政策调整任务非常艰巨,我仍旧相信,我们已经站在新的起点之上,方向是明确的,也有一定的经验和理论准备,新一轮的财税改革会取得更为长足的进展。

来源:《新世纪》周刊 2013年第14期

转载来源:《新世纪》周刊2013年第14期

例2:

全州高中分校14 #、18#学生宿舍、8#、10#教师流转房建设项目施工监理评标结果公示

广西壮族自治区发展和改革委员会网站 www.gxdrc.gov.cn 2013-06-25 来源:广西招标投标监督网

转载来源:广西招标投标监督网

例3:

全国民政网站群
广西民政
guangxi.mca.gov.cn

当前位置:首页 > 工作动态

结合实际开展教育实践活动 避免基层走过场

来源:广西北海民政 时间:2014-03-31 08:30

市民政局在抓紧抓实局机关党的群众路线教育活动的同时,采取有力措施确保直属单位教育实践活动落实。

转载来源:无

(注:直属机构不著录为转载来源。)

例4:

转载来源:无

（注:内设机构不著录为转载来源。）

例5：

转载来源:无

（注:其他机构不著录为转载来源。）

例6：

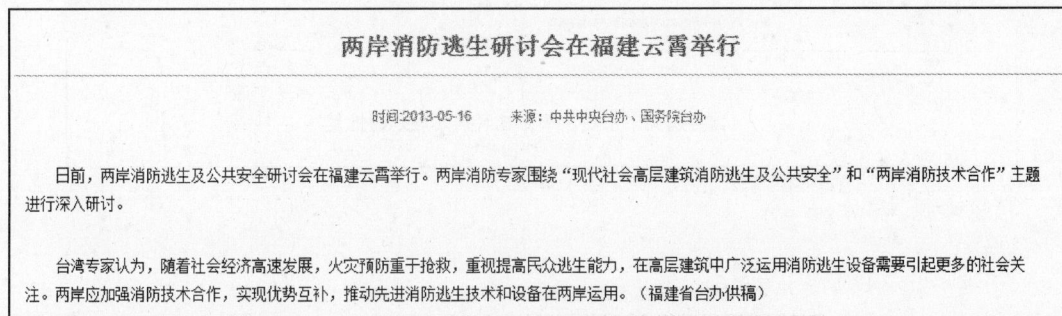

转载来源:无

(注:供稿机构不著录为转载来源。)

例7:

农业部开展农村集体"三资"管理示范县创建

今年将认定首批示范县150个

《农民日报》2012年07月05日记者郭少雅

转载来源:《农民日报》2012 年 07 月 05 日

十六、信息来源

名称:信息来源

定义:政府信息的出处信息。

著录内容:著录政府信息的来源网站。

注释:

(1)著录内容为来源网站的域名(例1、例2)。

(2)如果来源网站没有域名,只有 IP 地址,可著录 IP 地址。

(3)域名应取自发布本条政府信息的网站首页(例3)。

规范文档:无

必备性:必备

可重复性:不可重复

著录范例:

例1:

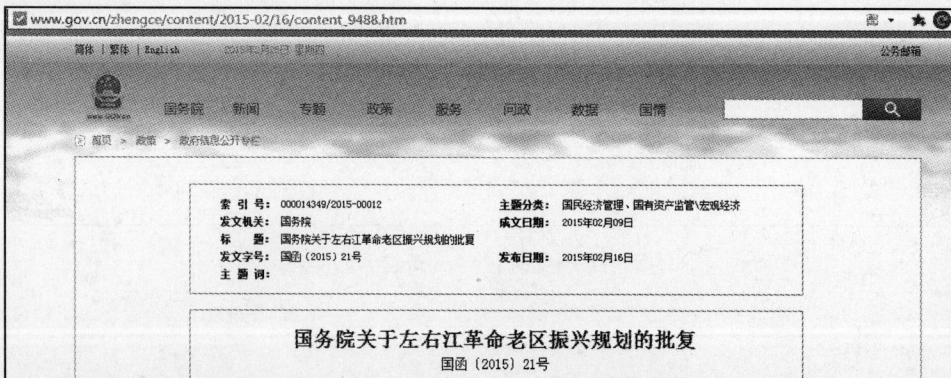

信息来源:www. gov. cn

例2:

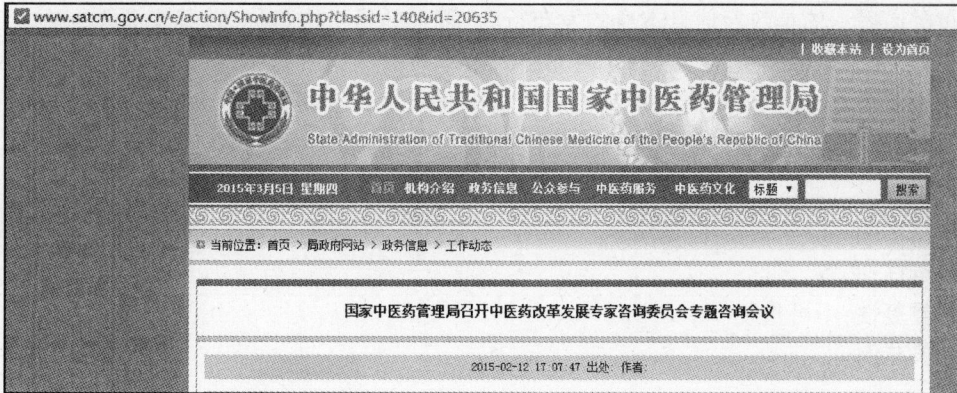

信息来源：www. satcm. gov. cn

例3：

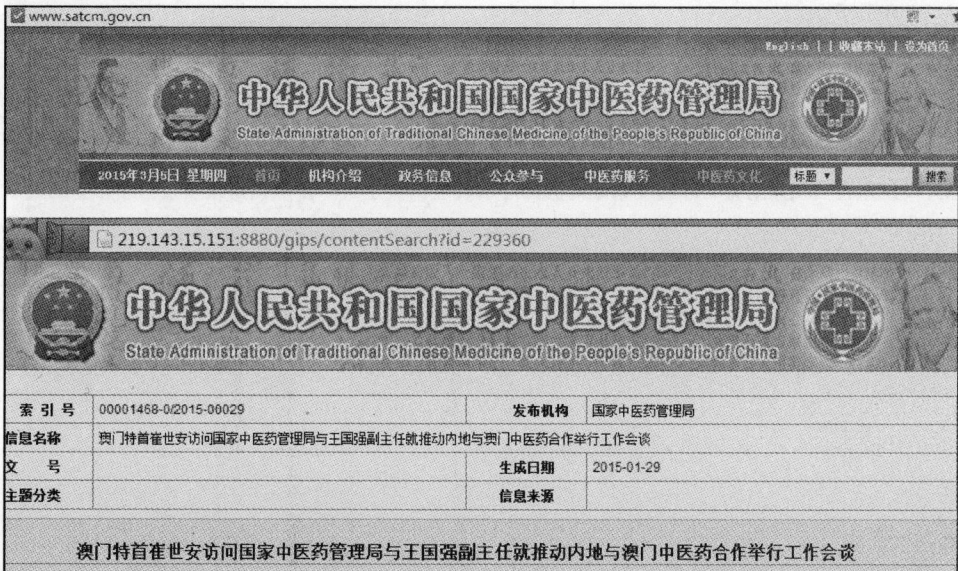

信息来源：www. satcm. gov. cn

（注：单条政府信息的地址为219. 143. 15. 151，域名应取自网站首页。）

十七、原文地址

名称：原文地址

定义：可以获取政府信息的网络地址。

著录内容：著录政府信息的 URL 地址。

注释：

（1）原文地址取自政府信息所在的网页。应将地址栏的地址完整拷贝。

（2）信息发布机构、转载来源、信息来源、原文地址四项著录内容不同，应进行区分。信息发布机构揭示的是政府信息本身的发布行为,著录的是机构名称;转载来源重点在于有转载的行为,该信息最少是经过了一次发布后才被本政府网站所发布,著录的是在来源网站发布之前的发布媒介的名称;信息来源揭示的是来源网站对政府信息的发布行为,著录的是网站的域名;原文地址揭示的是本条政府信息的获取信息,著录的是本条政府信息发布的 URL 地址。

规范文档:无

必备性:必备

可重复性:不可重复

著录范例:

例:

原文地址:http://www.shenyang.gov.cn/zwgk/system/2013/11/14/010086948.shtml

十八、附注

名称:附注

定义:对政府信息相关内容的说明。

著录内容:凡未在其他著录项中著录而又有必要进一步补充说明的内容,均可著录于本项。

注释:

(1)在每一附注项前应尽可能采用规范导语,导语后用冒号分隔。

(2)著录内容主要包括:对题名的补充说明(见"正题名"例11、例16);对著录中信息明显错误的说明;对政府信息的内容说明(例1、例2);对政府信息生命周期相关信息的说明(例3)。

规范文档:无

必备性:有则必备

可重复性:可重复

著录范例:

例1：

省第十二届人民代表大会第四次会议决议

2015-02-01 09:06:19 来源：黑龙江日报

(2015年1月30日黑龙江省第十二届人民代表大会第四次会议第三次大会通过)

关于政府工作报告的决议

黑龙江省第十二届人民代表大会第四次会议听取和审议了省长陆昊所作的政府工作报告。会议充分肯定省人民政府过去一年的工作，同意报告提出的新一年工作部署，决定批准这个报告。

会议要求，省人民政府要认真贯彻落实党中央、国务院的重大决策和省委的工作部署，主动适应经济发展新常态，坚持稳中求进工作总基调，深入实施"五大规划"发展战略，大力发展十大重点产业，通过发挥优势、注重工业、多点培育，大力调整产业结构，狠抓改革攻坚，扩大对外开放，突出创新驱动，强化风险防控，保持经济平稳健康发展，促进民生持续改善。

会议号召，全省人民要紧密团结在以习近平同志为总书记的党中央周围，在省委的正确领导下，改革创新、攻坚克难，奋发进取、真抓实干，努力开创黑龙江改革发展新局面！

关于黑龙江省2014年预算执行情况和2015年预算的决议

黑龙江省第十二届人民代表大会第四次会议审查了省人民政府《关于黑龙江省2014年预算执行情况和2015年预算草案的报告》和2015年全省及省本级预算草案。会议同意省人民代表大会财政经济委员会的审查结果报告，决定批准《关于黑龙江省2014年预算执行情况和2015年预算草案的报告》，批准2015年省本级预算。

关于省高级人民法院工作报告的决议

黑龙江省第十二届人民代表大会第四次会议听取和审议了院长张述元所作的省高级人民法院工作报告。会议对省高级人民法院过去一年的工作表示满意，同意报告提出的新一年工作安排，决定批准这个报告。

…………

关于省人民代表大会常务委员会工作报告的决议

黑龙江省第十二届人民代表大会第四次会议听取和审议了副主任盖如垠代表省人大常委会所作的工作报告。会议充分肯定省人大常委会过去一年的工作，同意报告提出的新一年主要任务，决定批准这个报告。

会议要求，省人大常委会要在省委领导下，以邓小平理论、"三个代表"重要思想、科学发展观为指导，全面贯彻落实党的十八大、十八届三中四中全会、习近平总书记系列重要讲话和省委十一届五次全会精神，以全面推进依法治国、加快法治黑龙江建设为重要任务，认真履行宪法法律赋予的职责，推进科学立法、严格执法、公正司法、全民守法，为营造良好法治环境，实现全省经济社会平稳健康发展、造福人民作出新的贡献。

关于省人民检察院工作报告的决议

黑龙江省第十二届人民代表大会第四次会议听取和审议了检察长徐明所作的省人民检察院工作报告。会议对省人民检察院过去一年的工作表示满意，同意报告提出的新一年工作安排，决定批准这个报告。

会议要求，省人民检察院要以邓小平理论、"三个代表"重要思想、科学发展观为指导，全面贯彻落实党的十八大、十八届三中四中全会、习近平总书记系列重要讲话和省委十一届五次全会精神，全面履行法律监督职责，深入惩治腐败，推进司法体制改革，加强队伍建设，提高执法公信力，维护社会公平正义，加快法治黑龙江建设，为全省经济社会持续健康发展提供有力的法治保障。

附注:内容包括:关于政府工作报告的决议;关于黑龙江省 2014 年预算执行情况和 2015 年预算的决议;关于省高级人民法院工作报告的决议;关于黑龙江省 2014 年国民经济和社会发展计划执行情况与 2015 年国民经济和社会发展计划的决议;关于省人民代表大会常务委员会工作报告的决议;关于省人民检察院工作报告的决议。

例2:

> 各地区、各部门要高度重视云计算发展工作,按照本意见提出的要求和任务,认真抓好贯彻落实,出台配套政策措施,突出抓手,重点突破,着力加强政府云计算应用的统筹推进等工作。国务院有关部门要加强协调配合,建立完善工作机制,做好与国家网络安全和信息化发展战略及相关政策的衔接,加强组织实施,形成推进合力。发展改革委、工业和信息化部、科技部、财政部、网信办要会同有关部门,加强对云计算发展的跟踪分析,推动各项任务分工的细化落实。
>
> 国务院
> 2015年1月6日
>
> (本文有删减)

附注:本文有删减。

例3:

> 国家税务总局关于统一报关代理业专用发票有关问题的通知
>
> 来源: 索引号: 文号:国税函〔2008〕417号 发文机构:国家税务总局 发文日期:2008-05-14
>
> 【字体:大 中 小】｜【打印】｜【关闭】
>
> 注释:全文废止或失效。参见:《国家税务总局关于公布全文失效废止 部分条款失效废止的税收规范性文件目录的公告》国家税务总局公告2011年第2号。
>
> 各省、自治区、直辖市和计划单列市国家税务局、地方税务局:
>
> 为加强报关行业税收征管,规范报关代理企业的发票使用,减轻企业负担,促进公平竞争,决定统一《报关代理业专用发票》式样。现就有关问题通知如下:

附注:全文失效废止。参见:《国家税务总局关于公布全文失效废止 部分条款失效废止的税收规范性文件目录的公告》国家税务总局公告 2011 年第 2 号。

十九、附件

名称:附件

定义:分离于政府信息主体部分,独立存在,并与主体部分结合使用的附加内容。

著录内容:著录政府信息附件的名称。需将附件导入系统中保存。

注释:

(1)附件主要包括以下几种类型:①来源网站提供的以单个文件形式独立存在的政府信息全文(例1、例2)。②政府信息正文的说明、补充或参考材料(例3)。③来源网站发布复合体公文时,将被载运、发布的公文作为政府信息的正文以独立存在的文件形式附于公文之后(例4)。

(2)附件必须是独立存在的文件,该文件点击后,或者直接在线打开,或者弹出下载页面。

(3)没有独立存在的文件,点击后链接到其他网址的不作为附件著录。

(4)附件除文本格式外,还有图片格式等(例5)。

规范文档:无

必备性:有则必备

可重复性:可重复

著录范例:

例1:

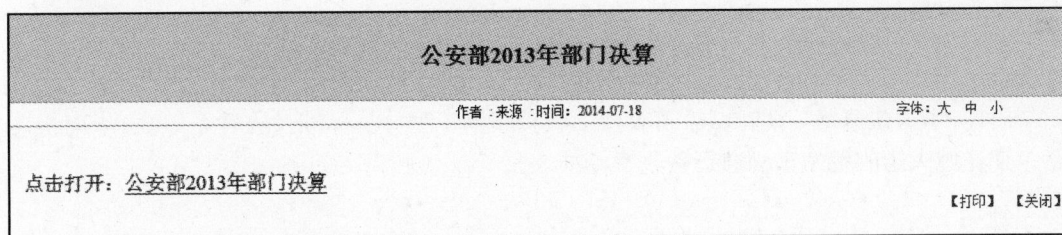

附件:公安部 2013 年部门决算

例2:

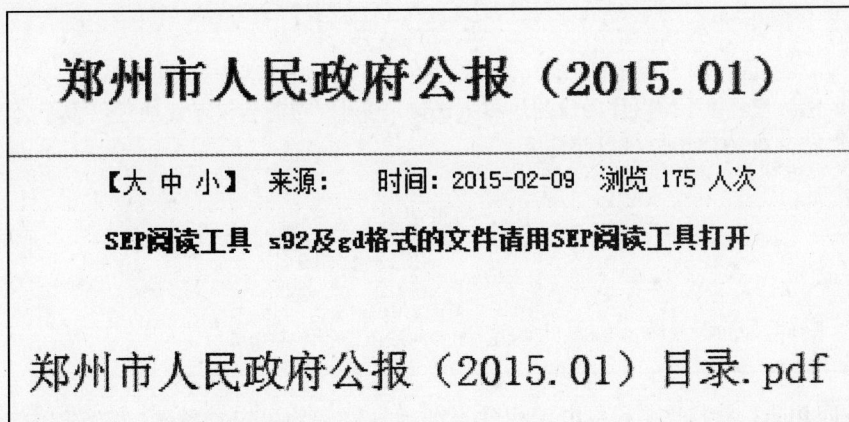

附件:郑州市人民政府公报(2015.01)目录

例3:

广东省人民政府

粤府函〔2014〕289号

广东省人民政府关于华南快速路花城大道
收费站车辆通行费有关问题的批复

省交通运输厅、发展改革委：

　　粤交费〔2014〕1682号请示收悉。同意华南快速路一期谭村互通立交建成通车和花城大道收费站收费设施经验收符合省联网收费技术要求后开始收费，收费车型按全省高速公路统一标准，即按车辆轴（轮）数及车头高度等物理参数进行分类，一至五类车的收费系数分别为1、1.5、2、3、3.5，收费标准为0.6元/标准车公里。

　　附件：1. 华南快速路一期花城大道收费站收费车辆车型分类标准及收费系数表
　　　　　2. 华南快速路一期花城大道收费站车辆通行费收费标准表

广东省人民政府
2014年12月23日

华南快速路一期花城大道收费站收费车辆车型分类标准及收费系数表
华南快速路一期花城大道收费站车辆通行费收费标准表

附件：华南快速路一期花城大道收费站收费车辆车型分类标准及收费系数表；华南快速路一期花城大道收费站车辆通行费收费标准表

例4：

四川省人民政府令 第268号

作者：dxdyx 发布时间 2013-09-05 点击数：2040

四川省人民政府令
第268号

　　《四川省〈大中型水利水电工程建设征地补偿和移民安置条例〉实施办法》已经2013年3月19日四川省人民政府第4次常务会议审议通过，现予公布，自2013年6月1日起施行。

四川省人民政府
2013年4月9日

　　附件：四川省《大中型水利水电工程建设征地补偿和移民安置条例》实施办法

附件：四川省《大中型水利水电工程建设征地补偿和移民安置条例》实施办法

例5：

新城社区服务综合体规划设计方案公示

时间：2014年11月18日　来源：规划建设局　　　【大 中 小】

　　新城社区服务综合体项目位于高新区九年一贯制学校西侧、新城御景北侧。规划总用地面积约2281.11平方米，总建筑面积约2274.47平方米，容积率约1.0。

　　根据《中华人民共和国行政许可法》、《中华人民共和国城乡规划法》相关规定，对此项目建设存在不同意见的周边居民、法人等相关利害关系人，可以在本项目公示之日起5日内，以书面形式向我局提出召开项目听证会的申请，我局将按照申请内容，于20日内组织召开听证会。如对此项目无异议，我局将于该项目规划公示7工作日后，履行相关规划审批手续。

　　（公示时间2014年11月18日-26日）

[JPG] 新城社区效果图.jpg

[JPG] 新城社区总图.jpg

附件：新城社区效果图；新城社区总图

二十、快照

名称：快照

定义：为保留网页原貌进行的网页备份。

著录内容：著录快照的名称，需将快照导入系统中保存。

注释：

（1）快照有两种格式，一种是图片快照，一种是网页快照。

（2）如果政府信息在来源网站上有多个网页，需每个网页单独制作快照。

（3）图片快照制作规则：①图片保存格式为 png。②图片如需压缩，必须保证图片不能模糊，原文中的图片和文字必须清晰。③政府信息在一页中，内容过长时，需要做图片切分。信息为多页时，一般可不切分单页。④图片应去除网页背景。⑤特别要关注网站 banner 的完整性，一些网站的 banner 有动态效果，应等待 banner 完整显示时再进行快照。

（4）网页快照制作规则：①网页快照格式保持原网页的文件格式，如 shtml、html 等。②网页快照保持原网页 100% 的缩放比例。③网页快照可以使用浏览器另存为的制作方法，保存类型是"网页，仅 HTML"。

（5）以整期政府公报为著录对象时，不著录本项。

规范文档：无

必备性：有则必备

可重复性：可重复

二十一、正文

名称：正文

定义：政府信息的内容。

著录内容：著录政府信息的全文。

注释：

（1）公文有严格的格式要求，是公文的权威性和严肃性在形式上的体现。国家标准《党政机关公文格式》（GB/T 9704—2012）规定了党政机关公文通用的纸张要求、排版和印制装订要求、公文格式各要素的编排规则。《党政机关公文处理条例》也在第九条、第十条、第十一条、第十二条对公文格式进行了规定。为保证公文的规范性、权威性，著录本项时，要求与原文内容及版式保持完全一致。除文字要求一致外，对表格、图片的格式也应保持不变。

（2）为保证全文的内容及版式与原文一致，可通过复制、粘贴的方法完成本项内容的著录，不要进行手工修改、增减等处理。

（3）正文的著录信息源为政府信息自身，因此，网页上的信息、来源网站发布的元数据等内容不著录在此项（例1、例2）。

（4）来源网站上为帮助用户发现更多的相关信息，会在政府信息的发布页面上增加一些相关的政府信息，不应将这些政府信息著录在本项（例3、例4）。

（5）著录正文时应保证完整性。

（6）有些政府信息内容较长，来源网站会对其进行分页发布，应将多页内容著录在一起。

（7）在政府信息正文中，有一些文本带有超链接，著录时应保持这些超链接不变。

（8）以整期政府公报为著录对象时，不著录本项。

（9）一些政府信息将部分内容作为附件附在主要内容之后，当附件内容不是独立存在的文档时，应将附件中的内容也著录在正文中（例5）。

（10）著录复合体公文的正文时，应将被载运、发布的公文也著录在正文中。

规范文档：无

必备性：有则必备

可重复性：不可重复

著录范例：

例1：

索引号：	000014349/2008-00114	主题分类：	民政、扶贫、救灾\其他
发文机关：	国务院抗震救灾总指挥部	成文日期：	2008年06月10日
标　题：	贺电		

贺　电

唐家山堰塞湖应急处置指挥部：

你们经过连续十多天的艰苦奋战，按照安全、科学、快速的要求，成功地处理了唐家山堰塞湖险情，消除了汶川地震次生灾害的一个特大威胁，确保了人民群众生命安全，避免了大的损失，创造了世界上处理大型堰塞湖的奇迹。国务院抗震救灾总指挥部特向奋战在第一线的全体解放军指战员，武警水电部队官兵，水利、地质、地震、气象等部门的工程技术人员和干部职工，以及沿线疏散的广大干部群众表示衷心地慰问、感谢和敬意！希望你们继续做好工程除险和转移避险的后续工作，圆满完成唐家山堰塞湖处理的全部任务。

国务院抗震救灾总指挥部

二〇〇八年六月十日

保存本页　打印本页　关闭窗口

（注：正文著录从"贺电"起，至"二〇〇八年六月十日"止，其他内容不著录在正文。）

例2：

国务院常务会议确定规范和改进行政审批的措施

2015-01-08 来源：中国政府网

李克强主持召开国务院常务会议

确定规范和改进行政审批的措施 提升政府公信力和执行力

讨论通过部分教育法律修正案草案

国务院总理李克强1月7日主持召开国务院常务会议，确定规范和改进行政审批的措施、提升政府公信力和执行力，讨论通过部分教育法律修正案草案。

（注：正文著录从"李克强主持召开国务院常务会议"开始。）

例3：

相关链接：

"三农"：建设农业设施 改善农村环境 增加农民收入

本报讯 （记者 潘绣文） 省委省政府出台的扩大内需、促进增长十个方面措施中，强农惠农力度进一步加大。

加强基础设施建设建设方面，将整合省级资金，开展土地开发整理和农田基本建设，三年内新增建设90万亩高标准农田，基本完成全省现有33座大中型病险水库除险加固任务，加快大中型灌区续建配套和节水改造工程建设。继续实施海堤除险加固工程，年内基本完成海堤除险加固五期工程，明后两年基本完成300公里的海堤除险加固六、七期工程。加快"五江二溪"防洪工程建设和中小河流综合治理，明年启动重点县级城区防洪排涝建设工程。加快建设标准渔港工程，建成一批中心渔港和一级渔港。续建全省气象和海洋基层台站基础设施，开建全省水文危旧站网改造工程。

（注：相关链接的内容不能著录在本项。）

例4：

相关报道 中国政府网 www.gov.cn

张德江主持召开十二届全国人大常委会
第十四次委员长会议
决定十二届全国人大常委会第六次会议
12月23日至28日在京举行

（注：相关报道的内容不能著录在本项。）

例5：

外服党总支、各党支部：

7月21日，中共厦门市外事办第二届机关委员会、纪律检查委员会代表大会隆重召开，成功选举了新一届领导班子。办党组书记、主任洪成宗同志出席会议并代表办党组讲话，在肯定成绩的同时，提出了殷切的希望和更高的要求。现将讲话材料印发给你们，请结合开展党的群众路线教育实践活动，认真学习领会，贯彻落实。

附件：办党组书记、主任洪成宗同志在机关党委第二届代表大会上的讲话

中共厦门市人民政府外事办公室机关委员会

2013年7月23日

```
附件

办党组书记、主任洪成宗同志在机关党委

第二届代表大会上的讲话

各位代表，同志们：

  今天，我们在这里隆重召开中共厦门市外事办机关委员会、纪律检查委员会第二届代表大会，选举产生了新一届机关党委、机关纪委班
子。首先，我代表办党组向莅临大会指导的市直机关党工委曹俊生副书记表示衷心的感谢！向出席大会的老领导陈爱京主任及各位代表表示诚
挚的问候！向新当选的机关党委、机关纪委班子成员表示热烈的祝贺！同时，作为外办第一届机关党委的首任书记，在这里，我还要专门感谢
```

（注：正文著录时应包括"附件"两字下面的内容。）

二十二、目录

名称：目录

定义：整期政府公报的目录。

著录内容：著录一期政府公报中刊载的单篇政府信息的名称。

注释：

（1）只有当著录对象为整期公报时，才著录此项。

（2）目录中的栏目名不著录。

（3）应按照信息源中所载目录的原样照录，对于有语法关系的标点符号、空格也应照录。

（4）多个目录之间以半角分号分隔。

规范文档：无

必备性：整期政府公报必备

可重复性：可重复

著录范例：

正题名：广西壮族自治区人民政府公报 2013 年第 27 期

目录：广西壮族自治区人民政府关于开展加快新型工业化实现跨越发展评选奖励工作的通知；广西壮族自治区人民政府关于加强和改进道路交通安全工作的实施意见；广西壮族自治区人民政府办公厅关于公布 2014—2015 年广西壮族自治区政府集中采购目录及限额标准的通知；广西壮族自治区人民政府办公厅关于开展 2013 年自治区政府参事重点调研课题有关工作的通知；广西壮族自治区人民政府办公厅关于自治区人民政府副秘书长金坚强黄胜杰工作分工调整的通知；广西壮族自治区人民政府关于边疆等同志任职的通知

二十三、出处

名称：出处

定义：刊载于政府公报的单篇政府信息的出处信息。

著录内容：著录刊载本条政府信息的政府公报名称及年、卷、期。

注释：

(1)公报名称应按照原网站的规范名称著录。

(2)年、卷、期的著录方式按照发布公报的网站的书写方式著录。

(3)以整期公报为著录对象时,不著录本项。

规范文档:无

必备性:析出于政府公报的单篇政府信息必备

可重复性:不可重复

著录范例:

例1:

出处:国务院公报 2015 年第 6 号

例2:

出处:北京市人民政府公报 2015 年第 1 期(总第 394 期)

例3:

出处:河北省人民政府公报 2014 年增刊

例4:

出处:山西政报 2014 年第 11—12 期

附录

表 4 - 1 体裁分类表

一级分类	二级分类
政策法规	法律
	行政法规
	地方法规
	规章
	司法解释
	政策性文件
	其他
机构文件	发展规划
	财政预决算
	工作报告
	计划总结
	招投标信息
	奖励处罚
	人事任免
	其他

续表

一级分类	二级分类
政府公报	—
工作动态	—
统计信息	—
行政职权	行政处罚
	行政许可
	行政确认
	行政强制
	行政给付
	其他
其他信息	—

体裁分类表注释

● 法律

法律专指由全国人民代表大会及其常委会制定的规范性文件。由全国人民代表大会制定的称为基本法律,如刑法、民法、各种诉讼法、国家机关组织法等;由全国人民代表大会常务委员会制定的称为一般法律,即除基本法律以外的其他法律,如商标法、环境保护法、文物保护法、食品卫生法等。

《立法法》规定了只能由法律进行规定的事项,包括:国家主权的事项;各级人民代表大会、人民政府、人民法院和人民检察院的产生、组织和职权;民族区域自治制度、特别行政区制度、基层群众自治制度;犯罪和刑罚;对公民政治权利的剥夺、限制人身自由的强制措施和处罚;对非国有财产的征收;民事基本制度;基本经济制度以及财政、税收、海关、金融和外贸的基本制度;诉讼和仲裁制度;必须由全国人民代表大会及其常务委员会制定法律的其他事项。

● 行政法规

行政法规是指国务院制定和颁布的有关国家行政管理活动的各种规范性文件,一般采用条例、规定、办法等名称。其法律地位和效力在宪法和法律之下,不得同宪法和法律相抵触。全国人大常委会有权撤销国务院制定的同宪法、法律相抵触的行政法规、决定和命令。

● 地方法规

地方法规是指省、自治区、直辖市以及省级人民政府所在地的市和国务院批准的较大的市的人民代表大会及其常委会,在不同宪法、法律和行政法规相抵触的前提下所制定的规范性文件。地方法规的效力低于宪法、法律和行政法规。

地方法规不仅在其名称的表现形式上有条例、规定、办法、规则、实施细则等,而且在其效力的表现形式上也有多种类型。比如:一是民族区域自治地区的地方人民代表大会在不同法律法规相抵触的情况下所制定的地方法规,二是依照当地民族的政治、经济和文化特点制定的,对法律和行政法规做出某种变通的自治条例和单行条例;后者需要报请全国人大常委会批准才能生效。

●规章

根据制定机关的不同,规章可以分为两类:部门规章和地方政府规章。

部门规章是指国务院所属各部、各委员会在它们的职权范围内制定的规范性文件。一般采用决定、命令、指示、规章等名称。部门规章的法律地位低于行政法规。

地方政府规章是指由省、自治区和直辖市人民政府根据法律、行政法规和本省、自治区、直辖市的地方法规制定的规章,省、自治区人民政府所在地的市和国务院批准的较大的市的人民政府也可以根据法律、行政法规和本省、自治区的地方法规制定规章。地方政府规章除了服从宪法、法律和行政法规外,还要服从地方法规。

●司法解释

司法解释是根据法律授权,由最高司法机关在司法工作中就如何具体应用法律问题所做出的具有普遍法律效力的阐释和说明。

●行政处罚

行政处罚是指行政机关或其他行政主体依照法定权限和程序对违反行政法规范尚未构成犯罪的相对方给予行政制裁的具体行政行为。

行政处罚的主体是行政机关或法律、法规授权的其他行政主体。对象是作为相对方的公民、法人或其他组织。这一点使之区别于行政机关基于行政隶属关系或监察机关依职权对其公务员所做出的行政处分。

●行政许可

行政许可是指在法律一般禁止的情况下,行政主体根据行政相对方的申请,通过颁发许可证或执照等形式,依法赋予特定的行政相对方从事某种活动或实施某种行为的权利或资格的行政行为。

行政许可的主体是行政主体,而不是处于行政相对方地位的公民、法人和其他组织。一般的社会团体、自治协会向其成员颁发资格证书及许可性文件的行为不是行政许可行为。公民、法人或其他组织允许对方从事某种活动的行为也不能称之为行政许可。我国实施行政许可的主体包括三类:行政机关、法律法规授权的组织和行政机关委托的组织。其中,行政机关必须是履行外部行政管理职能的行政机关,必须有法律明确授予其一定的行政许可权。

行政许可是一种依申请的具体行政行为。一般来说,行政许可只能依当事人的申请而发生,行政主体不能主动做出。

●行政确认

行政确认是指行政主体依法对相对方的法律地位、法律关系和法律事实进行甄别,给予确定、认可、证明并予以宣告的具体行政行为。

行政确认的主体是特定的国家行政机关和法律、法规授权的组织。行政确认的内容是确定或否定相对方的法律地位和权利义务。

行政确认与行政许可的主要区别在于:①行为对象不同。行政确认是对行政相对人既有法律地位、权利义务的确定和认可;行政许可是许可行政相对人获得某种行为的权利或资格。一般来说,前者是业已存在,而后者是许可之前不得为之。②行为的法律效果不同。行政确认中未被认可的行为或地位将发生无效的结果而不适用法律制裁;而在行政许可中,未经许可而从事的行为将发生违法后果,当事人将因此受到法律制裁。即前者的法律效果具有前溯性,而后者的法律效果具有后及性,不具有前溯性。③行为性质不同。行政确认属于确认性或宣示性行政行为,它仅表明现有的状态,而不以法律关系的产生、变更或消灭为目的。行政许可,从其正常状态(即批准)而言是建立、改变或者消灭具体的法律关系,是一种形成性行政行为。④方式不同。行政确认既有依申请的确认也有依职权的确认;而行政许可则只能是依申请才能发生的行政行为。

- 行政强制

行政强制是指行政主体为了保障行政管理的顺利进行,通过依法采取强制手段迫使拒不履行行政法义务的相对方履行义务或达到与履行义务相同的状态;或者出于维护社会秩序或保护公民人身健康、安全的需要,对相对方的人身或财产采取紧急性、即时性强制措施的具体行政行为的总称。

行政强制的主体是作为行政主体的行政机关或法律、法规授权的组织。行政强制属单方行政行为,由行政主体单方面做出,无需相对方同意。

- 行政给付

行政给付是指行政机关对公民在年老、疾病或丧失劳动能力等情况或其他特殊情况下,依照有关法律、法规、规章或政策等规定,赋予其一定的物质权益(如金钱或实物)或与物质有关的权益的具体行政行为。

行政给付是行政机关所做的一种具体行政行为,应区别于由社会或一定社会组织进行的物质帮助。行政给付的对象是特定的公民或组织。

行政给付的形式可概括为以下几种:抚恤金,特定人员离退休金,社会救济、福利金,自然灾害救济金及救济物资。

表4-2 主题分类表

一级分类	二级分类
组织机构	—
综合政务	政务督查
	应急管理
	电子政务
	文秘工作
	保密工作
	信访
	参事、文史
	其他
国民经济管理、国有资产监管	宏观经济
	经济体制改革
	统计
	物价
	国有资产监管
	其他
	重大建设项目

一级分类	二级分类
财政、金融、审计	财政
	税务
	银行
	货币(含外汇)
	证券
	保险
	社会信用体系建设
	审计
	其他
国土资源、能源	土地
	矿产
	水资源
	海洋
	煤炭
	石油与天然气
	电力
	其他
农业、林业、水利	农业、畜牧业、渔业
	林业
	水利
	其他
工业、交通	机械制造与重工业
	轻工纺织
	化工
	国防工业
	航天、航空
	信息产业(含电信)
	公路
	水运
	铁路
	民航
	邮政
	其他

续表

一级分类	二级分类
商贸、海关、旅游	对外经贸合作
	国内贸易(含供销)
	海关
	检验、检疫
	旅游
	其他
市场监管、安全生产监管	工商
	质量监督
	标准
	食品药品监管
	安全生产监管
	其他
城乡建设、环境保护	城市规划
	城乡建设(含住房)
	环境监测、保护与治理
	节能与资源综合利用
	气象、水文、测绘、地震
	其他
科技、教育	科技
	教育
	知识产权
	其他
文化、广电、新闻出版	文化
	文物
	新闻出版
	广播、电影、电视
	其他
卫生、体育	卫生
	医药管理
	体育
	其他
人口与计划生育、妇女儿童工作	人口与计划生育
	妇女儿童
	其他

一级分类	二级分类
劳动、人事、监察	劳动就业
	社会保障
	人事工作
	军转安置
	监察
	纠正行业不正之风
	其他
公安、安全、司法	公安
	国家安全
	司法
	其他
民政、扶贫、救灾	减灾救济
	优抚安置
	社会福利
	行政区划与地名
	社团管理
	扶贫
	其他
民族、宗教	民族事务
	宗教事务
对外事务	外交、外事
	国际条约、国际组织
	其他
港澳台侨工作	港澳工作
	对台工作
	侨务工作
国防	国防建设
	国防动员
其他	

表4-3　文种分类表

决议	决定	命令(令)	公报	公告
通告	意见	通知	通报	报告
请示	批复	议案	函	纪要

文种分类表注释

● 决议

适用于会议讨论通过的重大决策事项。

分类:关于工作报告的决议;关于批准重要事项的决议;关于对某一重大问题作全面总结的决议。

● 决定

适用于对重要事项做出决策和部署、奖惩有关单位和人员、变更或者撤销下级机关不适当的决定事项。

分类:指挥性决定;政令性决定;法规政策性决定;表彰性决定;惩处性决定;仲裁性决定。

● 命令(令)

适用于公布行政法规和规章、宣布施行重大强制性措施、批准授予和晋升衔级、嘉奖有关单位和人员。

分类:公布令;行政令;嘉奖令;任免令;宣布令。

● 公报

适用于公布重要决定或者重大事项。

分类:新闻公报;联合公报;会议公报;重要信息公报。

● 公告

适用于向国内外宣布重要事项或者法定事项。

分类:重要事项的公告;法定事项的公告。

● 通告

适用于在一定范围内公布应当遵守或者周知的事项。

分类:法规性通告;周知性通告。

● 意见

适用于对重要问题提出见解和处理办法。

分类:指导性意见;呈请性意见;评估性意见。

● 通知

适用于发布、传达要求下级机关执行和有关单位周知或者执行的事项,批转、转发公文。

分类:批示性通知;发布类通知;告知性通知;指示性通知;事项性通知。

● 通报

适用于表彰先进、批评错误、传达重要精神和告知重要情况。

分类:表彰性通报;批评性通报;事项性通报。

● 报告

适用于向上级机关汇报工作、反映情况,回复上级机关的询问。

分类:工作报告;情况报告;调查报告;答复报告。

● 请示

适用于向上级机关请求指示、批准。

分类:请求指示的请示;请求批准的请示;请求审批的请示。

● 批复

适用于答复下级机关请求事项。

分类:阐释性批复;批准性批复;指示性批复;表态性批复;专发性批复。

● 议案

适用于各级人民政府按照法律程序向同级人民代表大会或者人民代表大会常务委员会提请审议事项。

分类:法律案;任免案;重大决策案;建议性议案。

● 函

适用于不相隶属机关之间商洽工作、询问和答复问题、请求批准和答复审批事项。

分类:商洽函;询问函;请批函;答复函;邀请函;知照函;慰问函。

● 纪要

适用于记载会议主要情况和议定事项。

分类:记载型会议纪要;传达贯彻型会议纪要;综合型会议纪要。

表 4 – 4　与 DC 元数据的映射指南

本规则	DC 元数据
正题名	title
其他题名	title
体裁分类	subject
主题分类	subject
公文种类	subject
关键词	subject
来源网站发布日期	date
信息发布日期	date
实施日期	date
废止日期	date
发文字号	identifier
原索引号	identifier
其他标识号	identifier
信息发布机构	publisher
转载来源	source
信息来源	source
原文地址	source
出处	source
附注	description
附件	description
快照	description
正文	description
目录	description

第五部分　著录实例

　　著录实例部分共包含实例 57 个,其中按不同体裁分类选取了 27 个实例,按不同公文种类选取了 30 个实例。实例尽可能涵盖各种情况的资源,以便于实际工作中参考。

一、按不同体裁分类

1. 政策法规

（1）法律

中华人民共和国保守国家秘密法

来源：宁夏安全厅　作者：系统管理员　点击数：53 发表时间：2013-11-29 10:35:06

字号：小 中 大

（1988年9月5日第七届全国人民代表大会常务委员会第三次会议 通过2010年4月29日第十一届全国人民代表大会常务委员会第十四次会议修订）

目录

第一章总则

第二章国家秘密的范围和密级

第三章保密制度

第四章监督管理

············

第六章 附则

第五十二条中央军事委员会根据本法制定中国人民解放军保密条例。

第五十三条本法自2010年10月1日起施行。

著录信息：

正题名：	中华人民共和国保守国家秘密法
体裁分类：	政策法规/法律
主题分类：	公安、安全、司法/国家安全
关键词：	中国;保密法
来源网站发布日期：	2013 – 11 – 29
实施日期：	2010 – 10 – 01
信息来源：	aqt. nx. gov. cn
原文地址：	http://aqt. nx. gov. cn/flfg/86902. htm
快照：	图片快照1. png;……

网页快照. html

正文：　　　　略

（2）行政法规

中华人民共和国政府信息公开条例

文章作者：hebin　发表日期：2013-3-27　点击量：　打印

中华人民共和国国务院令
第492号

《中华人民共和国政府信息公开条例》已经2007年1月17日国务院第165次常务会议通过，现予公布，自2008年5月1日起施行。

总理　温家宝

二〇〇七年四月五日

中华人民共和国政府信息公开条例

第一章　总则

第一条　为了保障公民、法人和其他组织依法获取政府信息，提高政府工作的透明度，促进依法行政，充分发挥政府信息对人民群众生产、生活和经济社会活动的服务作用，条例。

…………

公开，参照本条例执行，具体办法由国务院有关主管部门或者机构制定。

第三十八条　本条例自2008年5月1日起施行。

著录信息：

正题名：	中华人民共和国政府信息公开条例
其他题名：	中华人民共和国国务院令第 492 号
体裁分类：	政策法规/行政法规
主题分类：	综合政务/其他
公文种类：	命令（令）
关键词：	中国;政府信息;信息公开;行政事务;条例
发文字号：	中华人民共和国国务院令第 492 号
来源网站发布日期：	2013 － 03 － 27
信息发布日期：	2007 － 04 － 05
实施日期：	2008 － 05 － 01

信息发布机构: 中华人民共和国国务院
信息来源: www. nxwh. gov. cn
原文地址: http://www. nxwh. gov. cn/html/xinxigongkai/gongkaiguiding/news_6452. html

快照: 图片快照1. png;……
网页快照. html

正文: 略

(3)地方法规

中央政府门户网站 www. gov. cn　　2008年12月23日　　来源：广西壮族自治区人民政府

【字体：大 中 小】　打印本页　关闭窗口

广西壮族自治区人大常委会公告
（十一届第7号）

《广西壮族自治区发展中医药壮医药条例》已由广西壮族自治区第十一届人民代表大会常务委员会第五次会议于2008年11月28日通过，现予公布，自2009年3月1日起施行。

广西壮族自治区人民代表大会常务委员会
2008年11月28日

广西壮族自治区发展中医药壮医药条例
（2008年11月28日广西壮族自治区第十一届人民代表大会常务委员会第五次会议通过）

…………

第三十条　其他民族医药的管理参照本条例执行。

第三十一条　本条例自2009年3月1日起施行。

著录信息:
正题名: 广西壮族自治区发展中医药壮医药条例
其他题名: 广西壮族自治区人大常委会公告(十一届第7号)
体裁分类: 政策法规/地方法规
主题分类: 卫生、体育/医药管理
公文种类: 公告
关键词: 广西壮族自治区;中医药;壮医药
来源网站发布日期: 2008－12－23
信息发布日期: 2008－11－28
实施日期: 2009－03－01
信息发布机构: 广西壮族自治区人民代表大会常务委员会

信息来源：	www.gov.cn
原文地址：	http://www.gov.cn/flfg/2008-12/23/content_1185536.htm
快照：	图片快照1.png；……
	网页快照.html
正文：	略

（4）规章

关于印发《中央和国家机关会议费管理办法》的通知

财行[2013]286号

党中央各部门,国务院各部委、各直属机构,全国人大常委会办公厅,全国政协办公厅,高法院,高检院,各人民团体,各民主党派办公厅,新疆生产建设兵团财务局：

为贯彻落实中央关于改进工作作风,密切联系群众八项规定及实施细则,推进厉行节约反对浪费制度建设,改进会风,精简会议,进一步加强和规范会议费管理,我们制定了《中央和国家机关会议费管理办法》。现印发给你们,从2014年1月1日起施行。执行中有何问题,请及时向我们反映。

附件：中央和国家机关会议费管理办法

财政部 国家机关事务管理局 中共中央直属机关事务管理局
2013年9月13日

附件：

中央和国家机关会议费管理办法
第一章 总则

第一条 为进一步加强和规范中央和国家机关会议费管理,精简会议,改进会风,提高会议效率和质量,节约会议经费开支,制定本办

....

第二十九条 各单位应当按照本办法规定,结合本单位业务特点和工作需要,制定会议费管理具体规定。

第三十条 中央事业单位会议费管理参照本办法执行。

第三十一条 本办法由财政部负责解释,自2014年1月1日起施行。《中央国家机关会议费管理办法》(国管财[2006]426号)、《中央国家机关会议费管理补充规定》(国管财[2007]217号)、《国务院机关事务管理局 财政部关于调整中央国家机关会议费开支标准的通知》(国管财[2008]331号)同时废止。

著录信息：	
正题名：	关于印发《中央和国家机关会议费管理办法》的通知
体裁分类：	政策法规/规章
主题分类：	财政、金融、审计/财政
公文种类：	通知
关键词：	中央机关；国家机关；会议费；管理办法
发文字号：	财行[2013]286号
信息发布日期：	2013-09-13
实施日期：	2014-01-01
信息发布机构：	财政部
信息发布机构：	国家机关事务管理局
信息发布机构：	中共中央直属机关事务管理局
信息来源：	www.nxcz.gov.cn
原文地址：	http://www.nxcz.gov.cn/WebSiteOut/010000/ZCFB//content/10362.html

快照：　　　图片快照 1. png；……
　　　　　　　网页快照 . html
正文：　　　略

（5）政策性文件

福建省人民政府办公厅关于中小学校舍安全工程有关优惠政策的通知

[本网]　　2009-10-15　　字号：T | T

闽政办〔2009〕161 号

各市、县（区）人民政府，省人民政府各部门、各直属机构：

实施中小学校舍安全工程（以下简称校安工程）关系广大师生的生命安全，关系人民群众的切身利益，关系社会的和谐与稳定，是贯彻落实科学发展观、体现执政为民的重要举措。今年6月，省政府办公厅印发《福建省中小学校舍安全工程实施方案》（闽政办〔2009〕109号）以来，各级政府、有关部门高度重视，按照国务院、省政府的部署和全国中小学校舍安全工程领导小组办公室的工作要求，认真组织实施中小学校舍安全工程。为进一步加快我省校安工程实施进度，根据教育部等11个部门印发的《全国中小学校舍安全工程实施细则》（教财〔2009〕14号）等有关规定，经省政府同意，现就做好校安工程有关事项通知如下：

　　一、规划好中小学教育用地。各地在制定城乡建设发展规划时，要统筹考虑中小学发展的布局需要，凡已列入中小学发展的规划用地，要确保用于中小学办学，不得改作他用。

…………

各级政府可结合本地实际，加大对校安工程的政策扶持力度。各地要进一步加强组织领导，切实加快工程进度，落实工程管理和监管责任，确保工程质量，真正把校安工程建成"阳光工程"、"放心工程"，将学校建成最安全、家长最放心的地方，在推进海西建设中办好人民满意的教育。

二〇〇九年十月十五日

著录信息：

正题名：　　　福建省人民政府办公厅关于中小学校舍安全工程有关优惠政策的通知

体裁分类：　　政策法规/政策性文件

主题分类：　　科技、教育/教育

主题分类：　　城乡建设、环境保护/城乡建设（含住房）

公文种类：　　通知

关键词：　　　中小学校；校舍；校舍安全工程；优惠政策

发文字号：　　闽政办〔2009〕161 号

信息发布日期：2009 – 10 – 15

信息发布机构：福建省人民政府办公厅

信息来源：　　www. fujian. gov. cn

原文地址：　　http：//www. fujian. gov. cn/zwgk/zxwj/szfwj/200911/t20091110_169377. htm

快照：　　　　图片快照 1. png；……

网页快照.html

正文： 略

（6）司法解释

著录信息：

正题名：	最高人民法院关于审理道路交通事故损害赔偿案件适用法律若干问题的解释
体裁分类：	政策法规/司法解释
主题分类：	公安、安全、司法/司法
关键词：	司法解释;道路交通事故;损害赔偿
来源网站发布日期：	2013 - 09 - 17
信息发布日期：	2012 - 11 - 27
实施日期：	2012 - 12 - 21
信息发布机构：	最高人民法院
信息来源：	www. chinalaw. gov. cn
原文地址：	http://www. chinalaw. gov. cn/article/fgkd/xfg/cfjs/201309/20130900391471. shtml
快照：	图片快照1. png;…… 网页快照.html
正文：	略

（7）其他

著录信息：

正题名：　　　　全国人民代表大会常务委员会关于批准《关于持久性有机污染物
　　　　　　　　的斯德哥尔摩公约》的决定

体裁分类：　　　政策法规/其他

主题分类：　　　对外事务/国际条约、国际组织

公文种类：　　　决定

关键词：　　　　国际公约；斯德哥尔摩公约；有机污染物

来源网站发布日期：2004 - 05 - 29

信息发布机构：　　全国人民代表大会常务委员会

信息来源：　　　www. chinalaw. gov. cn

原文地址：　　　http://www. chinalaw. gov. cn/article/fgkd/xfg/tygy/200406/20040
　　　　　　　　600035838. shtml

快照：　　　　　图片快照 1. png；……
　　　　　　　　网页快照 . html

正文：　　　　　略

2. 机构文件

省第十一届人民代表大会第一次会议决议

2008-01-30 10:13:11　　来源：中国黑龙江

(2008年1月29日黑龙江省第十一届人民代表大会第一次会议第五次大会通过)

关于政府工作报告的决议

黑龙江省第十一届人民代表大会第一次会议听取并审议了代省长栗战书代表省十届人民政府所作的政府工作报告。会议肯定省政府过去五年的工作，认为报告对过去五年和2007年的工作总结是实事求是的，提出今后五年的主要任务和2008年的重点工作是切实可行的，符合黑龙江省的实际，充分反映了全省广大人民群众的愿望和要求。会议决定批准这个报告。

会议号召，全省各族人民要紧密团结在以胡锦涛同志为总书记的党中央周围，全面贯彻党的十七大和省第十次党代会精神，在省委领导下，高举中国特色社会主义伟大旗帜，以邓小平理论和"三个代表"重要思想为指导，深入贯彻落实科学发展观，振奋精神，同心同德，清正廉洁，真抓实干，加快推进黑龙江老工业基地全面振兴，为实现全面建设小康社会的宏伟目标而努力奋斗。

关于黑龙江省2007年预算执行情况和2008年预算的决议

黑龙江省第十一届人民代表大会第一次会议审查了省人民政府提出的《关于黑龙江省2007年预算执行情况和2008年预算草案的报告》及2008年全省和省本级预算草案。会议同意省第十一届人民代表大会第一次会议预算审查委员会的审查报告，决定批准《关于黑龙江省2007年预算执行情况和2008年预算草案的报告》，批准2008年省本级预算。

关于省高级人民法院工作报告的决议

著录信息：

正题名：　　　　省第十一届人民代表大会第一次会议决议

体裁分类：　　　机构文件

主题分类：　　　其他

公文种类：	决议
关键词：	黑龙江省;第十一届人民代表大会;工作报告;预算;国民经济和社会发展计划
来源网站发布日期：	2008 - 01 - 30
信息来源：	www. hlj. gov. cn
原文地址：	http://www. hlj. gov. cn/zwdt/system/2008/01/30/000072420. shtml
附注：	内容包括:关于政府工作报告的决议;关于黑龙江省 2014 年预算执行情况和 2015 年预算的决议;关于省高级人民法院工作报告的决议;关于黑龙江省 2014 年国民经济和社会发展计划执行情况与 2015 年国民经济和社会发展计划的决议;关于省人民代表大会常务委员会工作报告的决议;关于省人民检察院工作报告的决议。
快照：	图片快照 1. png;……
	网页快照 . html
正文：	略

（1）发展规划

索 引 号：	000014349/2015-00012	主题分类：	国民经济管理、国有资产监管\宏观经济
发文机关：	国务院	成文日期：	2015年02月09日
标　　题：	国务院关于左右江革命老区振兴规划的批复		
发文字号：	国函〔2015〕21号	发布日期：	2015年02月16日
主 题 词：			

国务院关于左右江革命老区振兴规划的批复

国函〔2015〕21号

广西壮族自治区、贵州省、云南省人民政府，发展改革委:

　　发展改革委《关于报送左右江革命老区振兴规划（修改稿）的请示》（发改西部〔2014〕2880号）收悉。现批复如下:

　　一、原则同意《左右江革命老区振兴规划（2015—2025年）》（以下简称《规划》），请认真组织实施。

　　…………

　　四、国务院有关部门要按照职能分工，在规划编制、政策实施、项目安排、资金投入和体制创新等方面给予积极支持，指导和帮助解决《规划》实施中遇到的问题。发展改革委要会同有关部门加强对《规划》实施情况的跟踪分析和督促检查，会同广西壮族自治区、贵州省、云南省人民政府适时开展《规划》实施情况评估，重大问题及时向国务院报告。

国务院
2015年2月9日

（此件公开发布）

著录信息:

正题名: 国务院关于左右江革命老区振兴规划的批复

体裁分类: 机构文件/发展规划

主题分类: 国民经济管理、国有资产监管/宏观经济

公文种类: 批复

关键词: 左右江;革命老区;振兴;西部大开发

发文字号: 国函〔2015〕21 号

来源网站发布日期: 2015 – 02 – 16

信息发布日期: 2015 – 02 – 09

原索引号: 000014349/2015 –00012

信息发布机构: 国务院

信息来源: www. gov. cn

原文地址: http://www. gov. cn/zhengce/content/2015-02/16/content_9488. htm

快照: 图片快照 1. png;……

网页快照 . html

正文: 略

(2)财政预决算

索引号:	000014349/2005-00152	主题分类:	财政、金融、审计\财政
发文机关:	国务院	成文日期:	2005年11月09日
标 题:	国务院关于编制2006年中央预算和地方预算的通知		
发文字号:	国发〔2005〕37号	发布日期:	2008年03月28日
主 题 词:	财政 预算		

国务院关于编制2006年中央
预算和地方预算的通知

国发〔2005〕37 号

各省、自治区、直辖市人民政府,国务院各部委、各直属机构:

根据《中华人民共和国预算法》的有关规定,现就编制2006年中央预算和地方预算问题通知如下:

一、2006年财政经济形势和编制2006年预算的指导思想

…………

题。地方财政超收也要用于重点支出和解决历史遗留问题,并要做到收支平衡,严禁出现财政赤字。

国务院

二〇〇五年十一月九日

著录信息：

正题名：	国务院关于编制 2006 年中央预算和地方预算的通知
体裁分类：	机构文件/财政预决算
主题分类：	财政、金融、审计/财政
公文种类：	通知
关键词：	中央预算；地方预算；财政预算；预算编制；2006
发文字号：	国发〔2005〕37 号
来源网站发布日期：	2008 - 03 - 28
信息发布日期：	2005 - 11 - 09
原索引号：	000014349/2005 -00152
信息发布机构：	国务院
信息来源：	www. gov. cn
原文地址：	http：//www. gov. cn/zhengce/content/2008-03/28/content_1690. htm
快照：	图片快照 1. png；……
	网页快照 . html
正文：	略

（3）工作报告

2011年山西省政府工作报告

中国 山西门户网站 www.shanxigov.cn　　发布日期: 2011年02月02日　　来源: 山西日报

【字体: 大 中 小】　　打印本页　　关闭窗口

——二〇一一年一月十九日在山西省第十一届人民代表大会第五次会议上

山西省人民政府省长 王君

各位代表：

著录信息：

正题名：	2011 年山西省政府工作报告
其他题名：	二〇一一年一月十九日在山西省第十一届人民代表大会第五次会议上
体裁分类：	机构文件/工作报告
主题分类：	其他
公文种类：	报告
关键词：	山西省；2011；政府工作报告
来源网站发布日期：	2011 - 02 - 02
信息发布机构：	山西省人民政府
转载来源：	山西日报

信息来源：	www. shanxigov. cn
原文地址：	http://www. shanxigov. cn/n16/n8319541/n8319612/n8321693/n8321813/16444142. html
快照：	图片快照 1. png；……
	网页快照 . html
正文：	略

(4)计划总结

中共四川省纪委驻省经委纪检组关于上半年工作总结及下半年工作打算的情况报告

公开方式： 主动公开　　**发布机构：** 四川省经济委员会　　**发布时间：** 2008年03月10日

文件编号： 川经纪检[2007]6号

省纪委、监察厅：

　　今年上半年，驻省经委纪检组在省纪委、省监察厅和省经委党组的领导下，紧紧围绕省经委各项中心工作，以构建惩治和预防腐败体系、落实党风廉政建设责任制和加强领导干部作风建设为重点，经过各方面的共同努力，党风廉政建设各项工作任务基本落到了实处，成效比较明显，广大干部职工廉洁自律意识进一步增强，源头治理工作初见成效，较好地完成了省委、省政府交办的各项工作任务，为顺利推进"工业大省向工业强省跨越"提供了政治保证。

　　…………

　　（六）开展"廉政文化进家庭"活动。拟利用中秋或国庆佳节的时机，向委机关全体干部和直属（代管）单位领导班子成员家庭赠送一封廉政家书、一付廉政扑克、一盒廉政卡片等"礼物"，推进家庭廉政文化建设，构筑反腐倡廉家庭防线，大力营造积极向上的廉洁自律家庭氛围，不断增强党员干部拒腐防变能力。

　　　　　　　　　　　　　　　　　　　　　二〇〇七年六月二十六日

著录信息：

正题名：	中共四川省纪委驻省经委纪检组关于上半年工作总结及下半年工作打算的情况报告
体裁分类：	机构文件/计划总结
主题分类：	综合政务/政务督查
公文种类：	报告
关键词：	四川省；纪检监察；工作总结
发文字号：	川经纪检[2007]6 号
来源网站发布日期：	2008 - 03 - 10
信息发布日期：	2007 - 06 - 26
信息发布机构：	中共四川省纪委驻省经委纪检组
信息来源：	www. sc. gov. cn

原文地址： http：//www. sc. gov. cn/scszfxxgkml_2/sbgt_84/jhzj/jhzg/200803/
t20080311_256986. shtml

快照： 图片快照 1. png；……
网页快照 . html

正文： 略

（5）招投标信息

第三届中国（北京）国际服务贸易交易会科技创新板块布展项目招标公告

日期：2014-04-22

项目名称：第三届中国（北京）国际服务贸易交易会科技创新板块布展项目

项目编号：0610-1441BJNF5200

采购人名称：北京市可持续发展科技促进中心

············

2、企业营业执照副本（复印件加盖公章）；

3、京交会组委会推荐搭建商资格证书（复印件加盖公章）。

北京国际招标有限公司

2014年4月22日

著录信息：

正题名： 第三届中国(北京)国际服务贸易交易会科技创新板块布展项目
招标公告

体裁分类： 机构文件/招投标信息

主题分类： 商贸、海关、旅游/对外经贸合作；科技、教育/科技

关键词： 国际贸易；科技创新；布展；招标公告；北京

信息发布日期： 2014－04－22

其他标识号： 0610－1441BJNF5200

信息发布机构： 北京国际招标有限公司

信息来源： http：//www. bjcz. gov. cn/

原文地址： http：//www. bjcz. gov. cn/zfcg/cggg/zbgg/t20140422_467235. htm

快照： 图片快照 1. png；……
网页快照 . html

正文： 略

（6）奖励处罚

国家发展改革委关于印发2013年度国家发展和改革委员会优秀研究成果奖获奖名单的通知

发改厅[2014]2497号

各省、自治区、直辖市及计划单列市、副省级省会城市、新疆生产建设兵团发展改革委，委内各司（局、室）、各直属和联系单位，国家粮食局、国家能源局：

国家发展改革委学术委员会于2014年9月2日公示的2013年度国家发展和改革委员会优秀研究成果奖获奖成果一等奖3项、二等奖14项、三等奖21项，公示期间未有异议，评定成果和获奖等级已经生效。现予以公布。

附件：2013年度国家发展和改革委员会优秀研究成果奖获奖名单

国家发展改革委（章）

2014年10月28日

抄送：中国国际工程咨询公司

附件

2013年度国家发展和改革委员会
优秀研究成果奖获奖名单

著录信息：

正题名：	国家发展改革委关于印发2013年度国家发展和改革委员会优秀研究成果奖获奖名单的通知
体裁分类：	机构文件/奖励处罚
主题分类：	其他
公文种类：	通知
关键词：	国家发展和改革委员会;研究成果;获奖名单;2013
发文字号：	发改厅[2014]2497号
信息发布日期：	2014－10－28
信息发布机构：	国家发展改革委
信息来源：	www. ndrc. gov. cn
原文地址：	http://www. ndrc. gov. cn/gzdt/201411/t20141105_647455. html
快照：	图片快照1. png;……
	网页快照. html
正文：	略

（7）人事任免

索 引 号：	004188936/2014-00524		内容分类：	人事任免
文 号：			发文日期：	2014-06-17

关于姜英杰等同志职务调整的通知

根据工作需要，经局党委研究，决定对局系统部分处级干部工作岗位进行调整：

郭群同志不再担任直属第二分局局长职务；

姜英杰同志任直属第二分局局长，不再担任高新分局建筑工程管理处处长职务；

孙仲岩同志任直属第三分局局长，不再担任直属第四分局局长职务；

冯光霞同志任直属第四分局局长，不再担任局综合管理处处长职务；

冯桂珍同志任高新分局副局长，不再担任直属第三分局局长职务；

杨梅同志负责综合管理处工作。

公开方式：	主动公开	公开时限：	长期公开
公开范围：	面向社会	责任单位：	市规划局

著录信息：

正题名：	关于姜英杰等同志职务调整的通知
体裁分类：	机构文件/人事任免
主题分类：	劳动、人事、监察/人事工作
公文种类：	通知
关键词：	职务调整;姜英杰;郭群;孙仲岩;冯光霞;冯桂珍;杨梅;济南市规划局
原索引号：	004188936/2014 – 00524
信息来源：	www. jinan. gov. cn
原文地址：	http://xxgk. jinan. gov. cn/xxgk/jcms_files/jcms1/web15/site/art/ 2014/6/17/art_1741_69542. html
快照：	图片快照 1. png;…… 网页快照 . html
正文：	略

（8）其他

索 引 号：	004188768/2011-00003		内容分类：	机构职能
文 号：			发文日期：	2011-06-29

济南市民政局主要职责内设机构和人员编制规定

济南市民政局
主要职责内设机构和人员编制规定

根据省委办公厅、省政府办公厅《关于印发〈济南市人民政府机构改革方案〉的通知》（鲁厅字〔2009〕50号）和市委、市政府《关于济南市人民政府机构改革的实施意见》（济发〔2009〕17号），设立济南市民政局，为市政府工作部门。

一、职责调整

（一）取消已由国务院、省政府和市政府公布取消的行政审批事项。

著录信息:

正题名: 济南市民政局主要职责内设机构和人员编制规定

体裁分类: 机构文件/其他

主题分类: 组织机构

关键词: 济南市;民政局;职责;内设机构;人员编制

原索引号: 004188768/2011 - 00003

信息来源: www. jinan. gov. cn

原文地址: http://xxgk. jinan. gov. cn/xxgk/jcms_files/jcms1/web9/site/art/ 2010/6/29/art_1019_133. html

快照: 图片快照 1. png;……

网页快照 . html

正文: 略

3. 政府公报

（1）以公报的期为著录单位（网页形式）

索引号:000014348/	分类:其他;其他
发布机构:省政府办公厅	发文日期:2013年06月01日
名　称:湖北省人民政府公报（2013年第11号）	
文　号:无	主题词:

湖北省人民政府公报（2013年第11号）

湖北省人民政府办公厅主办 2013年6月1日第11号（总号：187）半月刊

目录

【省委文件】

中共湖北省委湖北省人民政府关于深化平安湖北建设的意见（3）

中共湖北省委湖北省人民政府关于印发推进"五个湖北"建设的实施意见的通知（6）

中共湖北省委湖北省人民政府关于分类推进事业单位改革的实施意见（40）

中共湖北省委湖北省人民政府关于加强和改进"扫黄打非"工作的意见（47）

著录信息:

正题名: 湖北省人民政府公报(2013 年第 11 号)

体裁分类: 政府公报

主题分类: 其他

关键词: 湖北省;人民政府;政府公报

目录: 中共湖北省委湖北省人民政府关于深化平安湖北建设的意见;中共湖北省委湖北省人民政府关于印发推进"五个湖北"建设的实施意见的通知;中共湖北省委湖北省人民政府关于分类推进事业单位改革的实施意见;中共湖北省委湖北省人民政府关于加强和改进"扫黄打非"工作的意见

信息发布日期: 2013 - 06 - 01

原索引号：　　　　000014348/
信息发布机构：　　湖北省人民政府
信息来源：　　　　www. hubei. gov. cn
原文地址：　　　　http://gkml. hubei. gov. cn/auto5472/auto5473/201306/t20130607_453068. html

（2）以公报的期为著录单位（pdf 附件形式）

广 西 壮 族 自 治 区 人 民 政 府 公 报

广西壮族自治区人民政府办公厅　　　2013 年 12 月 30 日　第 36 期　　（总第 1027 期）

目　录

广西壮族自治区人民政府关于加快发展政策性农业保险
　进一步促进农业持续稳定发展的若干意见…………………桂政发〔2013〕55 号（2）
广西壮族自治区人民政府关于印发广西非公有制强优企业
　培育计划的通知……………………………………………桂政发〔2013〕56 号（7）
广西壮族自治区人民政府办公厅关于调整自治区首府规划
　建设管理委员会成员的通知………………………………桂政办发〔2013〕120 号（14）
广西壮族自治区人民政府任免人员……………………桂政干〔2013〕241—244 号（15）

＊　广西壮族自治区人民政府公报2013年第36期　（2014-01-02）

著录信息：
正题名：　　　广西壮族自治区人民政府公报 2013 年第 36 期
体裁分类：　　政府公报
主题分类：　　其他
关键词：　　　广西壮族自治区；人民政府；政府公报
目录：　　　　广西壮族自治区人民政府关于加快发展政策性农业保险进一步
　　　　　　　促进农业持续稳定发展的若干意见；广西壮族自治区人民政府关
　　　　　　　于印发广西非公有制强优企业培育计划的通知；广西壮族自治区
　　　　　　　人民政府办公厅关于调整自治区首府规划建设管理委员会成员
　　　　　　　的通知；广西壮族自治区人民政府任免人员
信息发布日期：　2013 - 12 - 30
信息发布机构：　广西壮族自治区人民政府
信息来源：　　　www. gxzf. gov. cn
原文地址：　　　http://www. gxzf. gov. cn/zwgk/zfgb/2013zfgb/201401/P020140102363180752917. pdf
附件：　　　　　广西壮族自治区人民政府公报 2013 年第 36 期 . pdf

（3）以公报中单篇的文件为单位进行著录

山东省人民政府组成人员任免名单

发布日期：2014-09-05　　浏览次数：36　　字号：［大 中 小］　　进入PDF电子版

山东省人民政府组成人员任免名单

现将山东省第十二届人民代表大会常务委员会第九次会议2014年7月31日决定任免的山东省人民政府组成人员名单公布如下：

任命：

刘均刚为山东省林业厅厅长。

免去：

燕翔的山东省林业厅厅长职务。

山东省人民政府
2014年8月14日

山东省人民政府公报

2015
第4期（总第520期）

公报查询

期　号：第　　年　　期
总期号：第　　期

著录信息：

正题名：　　　　　山东省人民政府组成人员任免名单
体裁分类：　　　　机构文件/人事任免
主题分类：　　　　劳动、人事、监察/人事工作
关键词：　　　　　山东省；人民政府；人员任免；刘均刚；燕翔；山东省林业厅
来源网站发布日期：2014 - 09 - 05
信息发布日期：　　2014 - 08 - 14
信息发布机构：　　山东省人民政府
信息来源：　　　　www. shandong. gov. cn
原文地址：　　　　http://sdgb. shandong. gov. cn/art/2014/9/5/art_4563_2687. html
快照：　　　　　　图片快照1. png；……
　　　　　　　　　网页快照. html
正文：　　　　　　略
出处：　　　　　　山东省人民政府公报2015 年第4 期（总第520 期）

4. 工作动态

国务院教育督导委员会办公室开展全国职业教育专项督导检查

中央政府门户网站　www.gov.cn　2015-03-09 14:58　来源：教育部网站

【字体：大中小】　　打印本页　　分享

国务院教育督导委员会办公室开展
全国职业教育专项督导检查

2014年,习近平总书记专门就职业教育作出重要指示,国务院召开全国职业教育工作会议,并印发了《国务院关于加快发展现代职业教育的决定》(以下简称《决定》),职业教育形成了新的发展态势。为进一步推动各地贯彻落实习近平总书记关于职业教育重要指示精神、全国职业教育工作会议精神和《决定》,加快发展现代职业教育,日前,国务院教育督导委员会办公室向各地印发《关于开展职业教育专项督导检查工作的通知》,将于今年上半年在全国开展职业教育专项督导检查。

著录信息:

正题名:	国务院教育督导委员会办公室开展全国职业教育专项督导检查
体裁分类:	工作动态
主题分类:	综合政务;科技、教育/教育
关键词:	职业教育;专项督导
来源网站发布日期:	2015 – 03 – 09
转载来源:	教育部网站
信息来源:	www. gov. cn
原文地址:	http://www. gov. cn/xinwen/2015-03/09/content_2831252. htm
快照:	图片快照1. png;……
	网页快照. html
正文:	略

5. 统计信息

一季度广西规模以上工业增加值增幅排全国第6位

广西壮族自治区发展和改革委员会网站　www.gxdrc.gov.cn　2014-04-28　来源:广西日报

【字体: 大中小】　关闭窗口　打印本页

　　4月25日,记者从自治区工业和信息化委员会获悉,今年一季度,广西工业对经济增长贡献率已达到68.7%,同比提高11.1个百分点。

　　据介绍,一季度全区规模以上工业总产值4462.78亿元,增长14.5%,同比回落1.97个百分点;全区全部工业增加值1400.7亿元,增长11.3%,其中规模以上工业增加值增长11.9%(同比回落2.3个百分点),高于全国3.2个百分点,排全国第6位、西部第3位。

著录信息:

正题名:	一季度广西规模以上工业增加值增幅排全国第6位
体裁分类:	统计信息
主题分类:	工业、交通
关键词:	广西壮族自治区;工业总产值;工业增加值;2014;一季度
来源网站发布日期:	2014 – 04 – 28
转载来源:	广西日报

信息来源：	www. gxdrc. gov. cn
原文地址：	http://www. gxdrc. gov. cn/zwgk/qnyw/201404/t20140428_549242. html
快照：	图片快照 1. png；……
	网页快照. html
正文：	略

6. 行政职权

索 引 号： 000014349/2015-00005	主题分类： 综合政务\其他
发文机关： 国务院	成文日期： 2015年01月19日
标　　题： 国务院关于规范国务院部门行政审批行为改进行政审批有关工作的通知	
发文字号： 国发〔2015〕6号	发布日期： 2015年02月04日
主 题 词：	

国务院关于规范国务院部门行政审批行为
改进行政审批有关工作的通知

国发〔2015〕6号

国务院各部委、各直属机构：

　　为深化行政审批制度改革，规范行政审批行为，改进行政审批工作，解决审批环节多、时间长、随意性大、公开透明度不够等问题，进一步提高政府工作效率和为人民群众服务水平，现就有关工作通知如下：

　　…………

　　各省、自治区、直辖市人民政府可参照本通知要求，结合实际，研究制定本地区规范行政审批行为、改进行政审批工作的意见或办法。

国务院
2015年1月19日

著录信息：

正题名：	国务院关于规范国务院部门行政审批行为改进行政审批有关工作的通知
体裁分类：	行政职权
主题分类：	综合政务/其他
公文种类：	通知
关键词：	行政审批；国务院部门
发文字号：	国发〔2015〕6 号
来源网站发布日期：	2015 – 02 – 04

信息发布日期：　　　2015 – 01 – 19
原索引号：　　　　　000014349/2015 – 00005
信息发布机构：　　　国务院
信息来源：　　　　　www. gov. cn
原文地址：　　　　　http://www. gov. cn/zhengce/content/2015-02/04/content_9454. htm
快照：　　　　　　　图片快照 1. png；……
　　　　　　　　　　网页快照 . html
正文：　　　　　　　略

（1）行政处罚

宁夏国土资源厅行政处罚决定书

2012-12-14 17:25

单　　　位：贺兰县洪广镇砂石厂

主要负责人：宋　某

地　　　址：贺兰县洪广镇宰牛沟

　　经调查认定：你厂于2012年4月28日-5月14日期间，在贺兰县洪广镇宰牛沟规划采砂区西侧、贺兰山自然保护区东侧无证开采砂石料2.3万立方米，并以每立方米6元的价格对外销售，获取非法收入13.8万元。上述事实违反了《中华人民共和国矿产资源法》第三条第三款和《宁夏回族自治区矿产资源管理条例》第十六条之规定，已构成无证开采砂石资源事实。

著录信息：
正题名：　　　　　　宁夏国土资源厅行政处罚决定书
体裁分类：　　　　　行政职权/行政处罚
主题分类：　　　　　国土资源、能源/矿产
关键词：　　　　　　宁夏；国土资源厅；行政处罚；决定书；砂石开采；贺兰县
来源网站发布日期：　2012 – 12 – 14
信息来源：　　　　　www. nxgtt. gov. cn
原文地址：　　　　　http://www. nxgtt. gov. cn/Content. jsp？urltype = news. NewsContent
　　　　　　　　　　Url&wbnewsid = 142371&wbtreeid = 4045
快照：　　　　　　　图片快照 1. png；……
　　　　　　　　　　网页快照 . html
正文：　　　　　　　略

（2）行政许可

海沧环保分局2014年第十七批排污许可证公示

索引号：XM00132-61-04-2014-675 发布机构：市环保局 发布时间：2014-6-24 08:31:37

　　厦门市环境保护局海沧分局拟对柯达（厦门）数码影像有限公司、厦门磬德金属制品有限公司、明达实业（厦门）有限公司3家工业企业发放排放污染物许可证。

二〇一四年六月二十日

著录信息：

正题名：　　　　海沧环保分局 2014 年第十七批排污许可证公示

体裁分类：　　　行政职权/行政许可

主题分类：　　　城乡建设、环境保护/环境监测、保护与治理

关键词：　　　　排污许可证；厦门市；环境保护；公示

来源网站发布日期：2014 - 06 - 24

信息发布日期：　2014 - 06 - 20

原索引号：　　　XM00132 - 61 - 04 - 2014 - 675

信息来源：　　　www. xmepb. gov. cn

原文地址：　　　http://www. xmepb. gov. cn/sj/ContentView. aspx？ CmsList = 117&
　　　　　　　　CmsID = 675

快照：　　　　　图片快照 1. png；……
　　　　　　　　网页快照 . html

正文：　　　　　略

（3）行政确认

南平市人民政府关于同意南平市烟草学会为"南平烤烟"农产品地理标志登记申请人的批复

南政综〔2014〕152号

[南平市人民政府门户网站]　　2014-08-07　　字号：T｜T

市烟草局：

　　你局《关于要求确定南平市烟草学会为"南平烤烟"农产品地理标志登记申请人的请示》（南烟办〔2014〕109号）收悉。经研究，原则同意南平市烟草学会为"南平烤烟"农产品地理标志登记申请人。请你局依照有关规定，指导南平市烟草学会开展"南平烤烟"农产品地理标志登记申请工作，促进我市烟叶产业快速健康发展。

　　此复

南平市人民政府

2014年8月7日

著录信息：

正题名：　　　　南平市人民政府关于同意南平市烟草学会为"南平烤烟"农产品
　　　　　　　　地理标志登记申请人的批复

体裁分类：　　　行政职权/行政确认

主题分类：　　　市场监管、安全生产监管/工商；农业、林业、水利/农业、畜牧业、
　　　　　　　　渔业

公文种类：　　　批复

关键词：　　　　农产品；地理标志；南平烤烟；批复；南平市烟草学会；烟叶产业

发文字号：　　　南政综〔2014〕152 号

来源网站发布日期：2014 - 08 - 07

信息发布日期：　2014 - 08 - 07

信息发布机构：	南平市人民政府
信息来源：	www. fujian. gov. cn
原文地址：	http://www. fujian. gov. cn/zwgk/zxwj/sqswj/np/201408/t2014082 5_769706. htm
快照：	图片快照 1. png；……
	网页快照 . html
正文：	略

（4）行政强制

樊某某与宁波市公安局交通警察局江东大队行政强制措施行政复议决定书（甬政复决字（2014）107号）

发布时间：2014-10-14 浏览次数：300

【文字显示：大 中 小】 保护视力色：□□□□□□□□

宁波市人民政府
行政复议决定书

甬政复决字（2014）107号

申请人：樊**。

被申请人：宁波市公安局交通警察局江东大队。

…………

规定，决定如下：

维持被申请人宁波市公安局交通警察局江东大队2014年5月4日作出的公安交通管理行政强制措施（凭证编号：3302043101596611）。

申请人如不服本复议决定，可在收到本复议决定书之日起15日内，就原具体行政行为向宁波市江东区人民法院提起行政诉讼。

2014年6月16日

著录信息：	
正题名：	樊某某与宁波市公安局交通警察局江东大队行政强制措施行政复议决定书
体裁分类：	行政职权/行政强制
主题分类：	工业、交通/公路
关键词：	行政强制措施；行政复议；人力三轮车；交通管理
发文字号：	甬政复决字〔2014〕107 号
来源网站发布日期：	2014 – 10 – 14
信息发布日期：	2014 – 06 – 16
信息来源：	www. nbfz. gov. cn
原文地址：	http://www. nbfz. gov. cn/info_xzfy. jsp? aid = 35492
附注：	网页另有题名：宁波市人民政府行政复议决定书
快照：	图片快照 1. png；……
	网页快照 . html
正文：	略

（5）行政给付

关于下达2014年特困少数民族优秀学生入学专项补助经费的通知

发布时间：2014-07-31 浏览次数：423 来源：广西财政网

桂财行·〔2014〕66号

各市、县财政局、民委（民族局）：

为做好特困少数民族优秀学生入学补助工作，经研究，现将2014年特困少数民族优秀学生入学专项补助经费　　　　万元下达给你们（详见附件）。此项经费列2014年政府收支分类科目"2012304民族工作专项"科目。现就指标分配和经费发放有关事项通知如下：

一、全区共资助特困少数民族优秀学生1000名，其中，高中生、大学生各500名，高中生资助标准为1000元/人，大学生为3000元/人。资助对象必须符合《广西壮族自治区特困少数民族优秀学生入学专项补助经费管理使用

…………

广西壮族自治区　　　　　广西壮族自治区民族

财政厅　　　　　　　　　事务委员会

2014年7月28日

相关文件下载：桂财行（2014）66号.doc

著录信息：

正题名：	关于下达2014年特困少数民族优秀学生入学专项补助经费的通知
体裁分类：	行政职权/行政给付
主题分类：	财政、金融、审计/财政
主题分类：	科技、教育/教育
公文种类：	通知
关键词：	少数民族；入学专项补助；特困学生
发文字号：	桂财行〔2014〕66号
来源网站发布日期：	2014－07－31
信息发布日期：	2014－07－28
信息发布机构：	广西壮族自治区财政厅
信息发布机构：	广西壮族自治区民族事务委员会
转载来源：	广西财政网
信息来源：	www. gxcz. gov. cn
原文地址：	http://www. gxcz. gov. cn/gxzzzzqczt/yfwlgk/gfxwj/bbmwj/xzzfgl/201407/t20140731_44657. html
附件：	桂财行（2014）66号
快照：	图片快照1. png；…… 网页快照. html
正文：	略

7. 其他信息

全区建筑企业劳保统筹管理战线干部职工向博乐市劳保统筹站刘国权同志病重的女儿提供关怀和帮助

2011-3-28 来源:--自治区建筑企业劳保费用行业统筹管理总站 点击率:1204

近日，自治区劳保统筹管理总站工会向全区劳保统筹管理战线干部职工发出倡议，向博乐市劳保统筹站刘国权同志病重的女儿献爱心捐献。在总站的倡议下有96人捐款，共计捐款26300元。

著录信息：

正题名：　全区建筑企业劳保统筹管理战线干部职工向博乐市劳保统筹站刘国权同志病重的女儿提供关怀和帮助

体裁分类：　其他信息

主题分类：　其他

关键词：　捐款;劳保统筹管理战线;新疆

来源网站发布日期：　2011 – 03 – 28

信息来源：　www. xjjs. gov. cn

原文地址：　http://www. xjjs. gov. cn/main/NewsDetail. aspx? Id = 37278

快照：　图片快照 1. png;……

　　网页快照 . html

正文：　略

二、按不同公文种类

1. 决议

例1：

您当前的位置: 首页> 政务公开> 财政信息>财政预决算

关于黑龙江省2012年预算执行情况和2013年预算的决议

2013-03-06 08:40:47 来源: 东北网

黑龙江省第十二届人民代表大会第一次会议

关于黑龙江省2012年预算执行情况和2013年预算的决议

(2013年1月31日黑龙江省第十二届人民代表大会第一次会议第四次大会通过)

黑龙江省第十二届人民代表大会第一次会议审查了省人民政府《关于黑龙江省2012年预算执行情况和2013年预算草案的报告》和2013年全省及省本级预算草案，同意省人民代表大会计划和预算审查委员会的审查结果报告，决定批准《关于黑龙江省2012年预算执行情况和2013年预算草案的报告》，批准2013年省本级预算。

著录信息:

正题名:	黑龙江省第十二届人民代表大会第一次会议关于黑龙江省 2012 年预算执行情况和 2013 年预算的决议
体裁分类:	机构文件/财政预决算
主题分类:	财政、金融、审计/财政
公文种类:	决议
关键词:	黑龙江省;2012;预算执行;预算草案;2013
来源网站发布日期:	2013－03－06
转载来源:	东北网
信息来源:	www. hlj. gov. cn
原文地址:	http://www. hlj. gov. cn/zxxx/system/2013/03/06/010499155. shtml
快照:	图片快照 1. png;……
	网页快照. html
正文:	略

例2:

市人大常委会关于批准《天津生态市建设规划纲要》的决议

（2007年9月12日天津市第十四届人民代表大会常务委员会第三十九次会议通过）

天津市第十四届人民代表大会常务委员会第三十九次会议，审议了《天津生态市建设规划纲要》。会议认为，《纲要》以邓小平理论和"三个代表"重要思想为指导，全面落实科学发展观和构建社会主义和谐社会的重大战略思想，符合天津实际，重点突出，目标明确，体现了国务院将天津市定位为国际港口城市、北方经济中心和生态城市，以及将滨海新区的发展定位为经济繁荣、社会和谐、环境优美的宜居生态新城区的要求。会议决定批准《天津生态市建设规划纲要》。

会议指出，建设生态市是党和国家的战略决策，是落实科学发展观，推动区域经济、社会与环境协调发展的重要举措，是生产发展、生活富裕、生态良好、构建社会主义和谐社会的有效途径，也是关系天津经济社会可持续发展的长远大计。会议要求，各级政府要增强责任感、使命感，制定并落实生态市建设目标责任制和责任追究制，签订目标责任书，确保责任到人，措施到位，确保实现生态市的奋斗目标，把生态市建设贯穿于经济社会发展的全过程，融入到全市工作的各方面，把生态市建设与加快滨海新区开发开放有机结合起来，充分利用先行先试的有利条件，将滨海新区率先建成生态城区；要牢记全心全意为人民服务的根本宗旨，竭尽全力解决人民群众最关心、最直接、最现实的环境生态问题，把提高人民群众生活质量作为生态市建设的根本出发点和落脚点，把维护好、实现好、发展好人民群众的根本利益放在第一位，努力把天津建设成为经济繁荣、人民富裕、环境优美、社会文明的生态城市；要充分发动人民群众，提高全民的生态环境意识，利用好媒体和各种宣传手段，面向社会加强生态市建设的宣传教育，大力宣传生态市建设的工作思路、目标和任务，提高群众对生态市建设的认知度，使生态市建设家喻户晓，深入人心，建立起生态市建设的群众基础，形成人人关心、积极参与的良好社会氛围。

著录信息:

正题名:	市人大常委会关于批准《天津生态市建设规划纲要》的决议
体裁分类:	机构文件/发展规划
主题分类:	城乡建设、环境保护/城市规划
公文种类:	决议
关键词:	天津生态市建设规划纲要;天津;生态城市;建设规划;纲要
信息发布机构:	天津市人大常委会
信息来源:	www. smetj. gov. cn
原文地址:	http://www. smetj. gov. cn/newIndex/disp. jsp? id＝23,088
快照:	图片快照 1. png;……
	网页快照. html
正文:	略

2. 决定

例1：

著录信息：

正 题 名：　天津市司法局关于准予设立北京京师(天津)律师事务所的决定

体裁分类：　行政职权/行政许可

主题分类：　公安、安全、司法/司法

公文种类：　决定

关 键 词：　天津市司法局;北京京师(天津)律师事务所

发文字号：　津司发〔2014〕156号

信息发布日期：　2014 - 12 - 24

原索引号：　AAA13K - 0903 - 2014 - 00127

其他标识号：　000125823/2014 - 00166

信息发布机构：　天津市司法局

信息来源：　www. tjzfxxgk. gov. cn

原文地址：　http://www. tjzfxxgk. gov. cn/tjep/ConInfoParticular. jsp? id =53549

快照：　图片快照1. png;……

网页快照 . html

正文：　　　　略

例 2：

当前位置：首页 >> 公文公报 >> 国务院文件 >> 国务院文件

中央政府门户网站　www.gov.cn　2013年05月15日 23时59分　来源：国务院办公厅

【字体：大 中 小】　打印本页　关闭窗口

国务院关于取消和下放一批行政
审批项目等事项的决定

国发〔2013〕19号

各省、自治区、直辖市人民政府，国务院各部委、各直属机构：

国务院
2013年5月15日

著录信息：

正题名：	国务院关于取消和下放一批行政审批项目等事项的决定
体裁分类：	行政职权
主题分类：	综合政务
公文种类：	决定
关键词：	国务院;行政审批;评比项目;达标项目;表彰项目;行政事业性收费项目
发文字号：	国发〔2013〕19 号
来源网站发布日期：	2013 – 05 – 15
信息发布日期：	2013 – 05 – 15
信息发布机构：	国务院
信息来源：	www. gov. cn
原文地址：	http://www. gov. cn/zwgk/2013 – 05/15/content_2403676. htm
快照：	图片快照 1. png;……
	网页快照 . html
正文：	略

3. 命令(令)

例 1：

中华人民共和国国务院令

第 638 号

《国务院关于废止和修改部分行政法规的决定》已经2013年5月31日国务院第10次常务会议通过，现予公布，自公布之日起施行。

总　理　李克强

2013年7月18日

国务院关于废止和修改部分行政法规的决定

为了依法推进行政审批制度改革和政府职能转变，进一步激发市场、社会的创造活力，发挥好地方政府贴近基层的优势，促进和保障政府管理由事前审批更多地转为事中事后监管，国务院对有关的行政法规进行了清理。经过清理，现决定：

一、废止《煤炭生产许可证管理办法》（1994年12月20日国务院公布）。

二、对25件行政法规的部分条款予以修改。

本决定自公布之日起施行。

…………

中华人民共和国国务院令（第638号）
国务院关于废止和修改部分行政法规的决定
国务院决定修改的行政法规
发刊时间：2013.08.10 第22号（总号:1453）

著录信息：

正题名：	国务院关于废止和修改部分行政法规的决定
其他题名：	中华人民共和国国务院令第638号
体裁分类：	政策法规/行政法规
主题分类：	综合政务/其他
公文种类：	命令（令）
关键词：	国务院；行政法规
发文字号：	中华人民共和国国务院令第638号
信息发布日期：	2013 – 07 – 18
实施日期：	2013 – 07 – 18
信息发布机构：	国务院
信息来源：	www. gov. cn
原文地址：	http://www. gov. cn/gongbao/content/2013/content_2462993. htm
出处：	国务院公报2013年第22号（总号:1453）
快照：	图片快照1. png；……
	网页快照. html

正文:　　　　　略

例2:

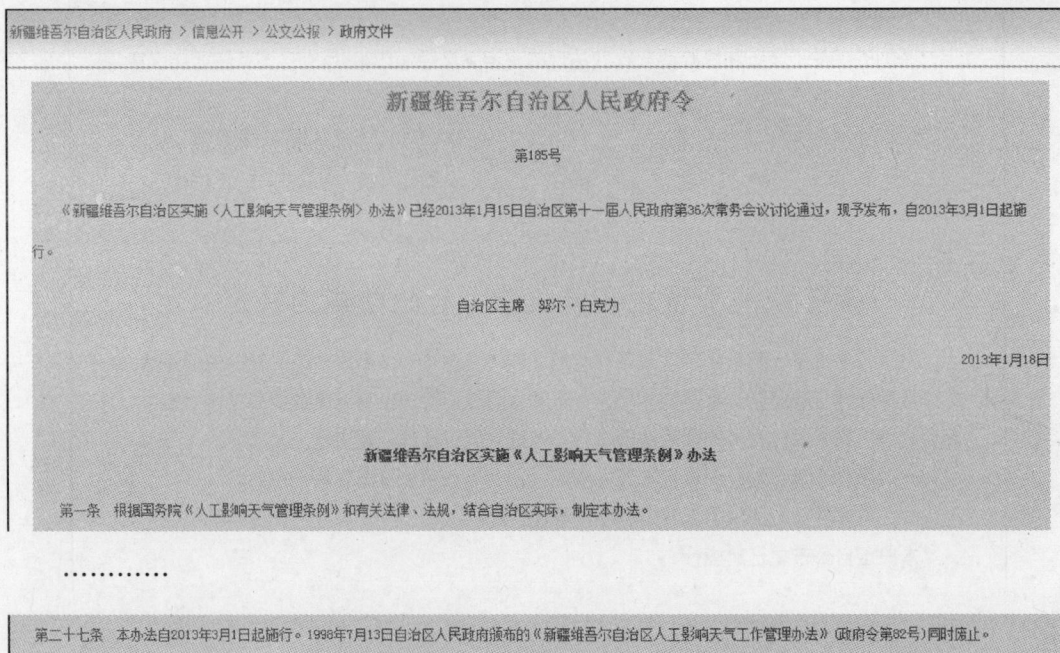

```
新疆维吾尔自治区人民政府 › 信息公开 › 公文公报 › 政府文件
```

新疆维吾尔自治区人民政府令

第185号

《新疆维吾尔自治区实施〈人工影响天气管理条例〉办法》已经2013年1月15日自治区第十一届人民政府第36次常务会议讨论通过,现予发布,自2013年3月1日起施行。

自治区主席　努尔·白克力

2013年1月18日

新疆维吾尔自治区实施《人工影响天气管理条例》办法

第一条　根据国务院《人工影响天气管理条例》和有关法律、法规,结合自治区实际,制定本办法。

…………

第二十七条　本办法自2013年3月1日起施行。1998年7月13日自治区人民政府颁布的《新疆维吾尔自治区人工影响天气工作管理办法》(政府令第82号)同时废止。

著录信息:

正题名:	新疆维吾尔自治区实施《人工影响天气管理条例》办法
其他题名:	新疆维吾尔自治区人民政府令第185号
体裁分类:	政策法规/规章
主题分类:	城乡建设、环境保护/环境监测、保护与治理
公文种类:	命令(令)
关键词:	新疆;人工影响天气;条例
发文字号:	新疆维吾尔自治区人民政府令第185号
信息发布日期:	2013 – 01 – 18
实施日期:	2013 – 03 – 01
信息发布机构:	新疆维吾尔自治区人民政府
信息来源:	www. xinjiang. cn
原文地址:	http://www. xinjiang. cn/xxgk/gwgb/zfwj/2013/213756. htm
快照:	图片快照1. png;……
	网页快照. html
正文:	略

4. 公报

例1:

2013年国民经济和社会发展统计公报

来源：国家统计局　　　发布时间：2014-02-24 09:30　　　　打印本页　　关闭窗口

中华人民共和国
2013年国民经济和社会发展统计公报[1]

中华人民共和国国家统计局

2014年2月24日

　　2013年，面对错综复杂的国内外形势，党中央、国务院团结带领全国各族人民深入贯彻落实党的十八大精神，坚持稳中求进工作总基调，坚持宏观政策要稳、微观政策要活、社会政策要托底的思路，统筹稳增长、调结构、促改革，探索创新宏观调控方式，经济社会发展稳中有进、稳中向好，实现了良好开局。

著录信息：

正题名：	中华人民共和国2013年国民经济和社会发展统计公报
体裁分类：	统计信息
主题分类：	国民经济管理、国有资产监管/统计
公文种类：	公报
关键词：	国民经济;社会发展;统计;公报;2013
来源网站发布日期：	2014-02-24
信息发布日期：	2014-02-24
信息发布机构：	中华人民共和国国家统计局
信息来源：	www.stats.gov.cn
原文地址：	http://www.stats.gov.cn/tjsj/zxfb/201402/t20140224_514970.html
快照：	图片快照1.png;……
	网页快照.html
正文：	略

例2：

当前位置：首页 > 政务公开 > 地政管理 > 地籍管理

索引号：	4500-0-31-154-20140228-0015208	文　号：		发布机构：	广西国土资源厅
生成日期：	2014年2月28日	主题分类：	地政管理\耕地保护	主题词：	

广西壮族自治区第二次土地调查主要数据成果公报

发表时间：2014-02-28 10:16:09　　作者：　　来源：地籍处　　浏览：12676

(2014年2月28日)

广西壮族自治区国土资源厅
广西壮族自治区统计局

广西壮族自治区第二次土地调查主要数据成果公报

著录信息：

正题名：	广西壮族自治区第二次土地调查主要数据成果公报
体裁分类：	统计信息
主题分类：	国土资源、能源/土地
公文种类：	公报
关键词：	广西；土地调查；公报
信息发布日期：	2014 – 02 – 28
原索引号：	4500 – 0 – 31 – 154 – 20140228 – 0015208
信息发布机构：	广西壮族自治区国土资源厅
信息发布机构：	广西壮族自治区统计局
信息来源：	www. gxdlr. gov. cn
原文地址：	http：//www. gxdlr. gov. cn/News/NewsShow. aspx？ newsid = 15208
快照：	图片快照 1. png；……
	网页快照 . html
正文：	略

5. 公告

例1：

索 引 号：009390180/2010-000370807	主题分类：科技、教育
发布机构：贵州省人民政府办公厅	发文日期：2009-08-07
名　　称：贵州省经济和信息化委员会公告	
文　　号：黔府发〔2008〕2号	主 题 词：

贵州省经济和信息化委员会公告

黔府发〔2008〕2号

　　根据《贵州省单位GDP能耗和单位工业增加值能耗考核体系实施方案》(黔府发〔2008〕2号)的有关规定，原贵州省经贸委(省政府节能办)会同省有关部门，对全省9个市(州、地)2008年节能目标完成情况和节能措施落实情况进行了评价考核。经贵州省人民政府同意，现将各地区2008年节能目标责任评价考核结果公告如下：

　　贵阳、黔东南2个市(州)考核结果为超额完成等级；遵义、六盘水、黔南、毕节、铜仁5个市(州、地)考核结果为完成等级；安顺市考核结果为基本完成等级，黔西南州考核结果为未完成等级。

　　"十一五"节能目标完成进度60%以上的有六盘水、贵阳、黔东南、遵义、安顺5个市(州)；完成进度50-60%的有黔南州；完成进度40-50%的有毕节地区；完成进度低于30%的有铜仁、黔西南2个地(州)。

贵州省经济和信息化委员会

二〇〇九年八月五日

著录信息：

正题名：	贵州省经济和信息化委员会公告
体裁分类：	机构文件/其他
主题分类：	城乡建设、环境保护/节能与资源综合利用
公文种类：	公告
关键词：	贵州省；节能；能耗考核；2008
发文字号：	黔府发〔2008〕2 号
来源网站发布日期：	2009 – 08 – 07

信息发布日期：　　　　2009 - 08 - 05

原索引号：　　　　　　009390180/2010 - 000370807

信息发布机构：　　　　贵州省经济和信息化委员会

信息来源：　　　　　　www. gzgov. gov. cn

原文地址：　　　　　　http：//www. gzgov. gov. cn/zwgk/show. aspx？ id =78fd8c51-d912-458a-8b91-13c02159f3b4

快照：　　　　　　　　图片快照 1. png；……

　　　　　　　　　　　网页快照. html

正文：　　　　　　　　略

例2：

著录信息：

正题名：　　　　　　　国家税务总局关于内地与澳门税务主管当局就两地税收安排条款内容进行确认的公告

体裁分类：　　　　　　政策法规/政策性文件

主题分类：　　　　　　财政、金融、审计/税务

主题分类：　　　　　　港澳台侨工作/港澳工作

公文种类：　　　　　　公告

关键词：　　　　　　　澳门；内地；税收

来源网站发布日期：　　2014 - 12 - 18

信息发布日期：　　　　2014 - 12 - 18

其他标识号：　　　　　国家税务总局公告 2014 年第 68 号

信息发布机构：　　　　国家税务总局

信息来源：　　　　　　www. jx-l-tax. gov. cn

原文地址：　　　　　　http：//www. jx-l-tax. gov. cn/policyV3/jsp/content_show. jsp？ contentId =CB1361E95949BD3ECBEDD4829D002A92

快照：　　　　图片快照 1. png；……

网页快照 . html

正文：　　　　略

6. 通告

例 1：

著录信息：

正题名：　　　　关于进一步加强城区牛肉市场管理的通告

体裁分类：　　　行政职权/其他

主题分类：　　　市场监管、安全生产监管/工商

公文种类：　　　通告

关键词：　　　　牛肉市场；市场管理

来源网站发布日期：2014 – 05 – 19

信息发布日期：　2014 – 05 – 04

实施日期：　　　2014 – 05 – 04

原索引号：　　　A00010 – 0202 – 2014 – 0003

信息来源：　　　www. nc. gov. cn

原文地址：　　　http://xxgk. nc. gov. cn/fgwj/gfxwj/201405/t20140529_641075. htm

快照：　　　　　图片快照 1. png；……

网页快照 . html

正文：　　　　　略

例 2：

关于开展劳动密集型企业消防安全专项治理的通告（黑安通告〔2014〕1号）

　　为深刻吸取近年来劳动密集型企业重特大火灾事故教训，切实提升劳动密集型企业火灾防控水平，有效预防和减少火灾事，按照国务院安委会的统一部署，省政府安委会决定自即日起至2015年12月底，在全省集中开展劳动密集型企业消防安全专项治理。现将有关事项通告如下：

　　…………

　　四、广大群众对发现的劳动密集型企业火灾隐患和消防违法行为，应积极通过"96119"火灾隐患举报投诉热线等方式进行举报。对举报劳动密集型企业重大火灾隐患核查属实的，将给予重奖。

　　特此通告。

黑龙江省人民政府安全生产委员会
2014年12月15日

著录信息：

正题名：	关于开展劳动密集型企业消防安全专项治理的通告
体裁分类：	行政职权/其他
主题分类：	市场监管、安全生产监管/安全生产监管
公文种类：	通告
关键词：	劳动密集型企业；消防安全；专项治理；黑龙江省
发文字号：	黑安通告〔2014〕1号
来源网站发布日期：	2014－12－17
信息发布日期：	2014－12－15
信息发布机构：	黑龙江省人民政府安全生产委员会
信息来源：	www. hlsafety. gov. cn
原文地址：	http：//www. hlsafety. gov. cn/zwgk/dtyw/gwgg/2014/12/22714. htm
快照：	图片快照1. png；……
	网页快照. html
正文：	略

7. 意见

例1：

**甘肃省人民政府关于进一步
加强和改进临时救助工作的意见**

甘政发〔2014〕121号

各市、自治州人民政府，兰州新区管委会，省政府有关部门，甘肃矿区办事处：

············

各市州及县市区政府要根据国务院全面建立临时救助制度的通知精神和本意见要求，结合实际，抓紧修订完善本级临时救助政策办法或实施细则。

甘肃省人民政府
2014年12月19日

著录信息：

正题名：	甘肃省人民政府关于进一步加强和改进临时救助工作的意见
体裁分类：	行政职权/行政给付
主题分类：	民政、扶贫、救灾
公文种类：	意见
关键词：	临时救助;社会救助;甘肃省
来源网站发布日期：	2014 – 12 – 19
信息发布日期：	2014 – 12 – 19
信息发布机构：	甘肃省人民政府
信息来源：	www. gansu. gov. cn
原文地址：	http://www. gansu. gov. cn/art/2014/12/19/art_3722_219295. html
快照：	图片快照 1. png;……
	网页快照 . html
正文：	略

例2：

索 引 号：000014348/2015-02436	分类：煤炭;石油与天然气;电力;新能源 ; 意见
发布机构：省政府办公厅	发文日期：2015年01月19日
名 称：省人民政府关于加快推动能源生产和消费革命的指导意见	
文 号：鄂政发〔2015〕9号	主 题 词：

省人民政府关于加快推动能源生产和消费革命的指导意见

各市、州、县人民政府，省政府各部门：

　　能源是现代化的基础和动力。我省长期缺煤、少油、乏气，能源瓶颈制约十分明显，能源发展面临的结构性、约束性、体制性矛盾突出。为贯彻落实党中央、国务院关于新形势下能源生产和消费革命的重大战略部署及《国务院办公厅关于印发能源发展战略行动计划（2014—2020年）的通知》（国办发〔2014〕31号）要求，加快推动我省能源生产和消费革命，提出如下指导意见。

············

　　（二十七）加强统筹协调。省有关部门要密切配合、各负其责，加强对能源生产和消费革命的指导、协调和服务。各地要高度重视能源工作，切实加强组织领导，结合本地实际，研究制定推动能源生产和消费革命的实施方案与具体措施。省发展改革委、省能源局要密切跟踪工作进展，会同省有关部门对本意见的落实情况进行督促检查，重大情况及时报告省人民政府。（省发展改革委、省能源局会同省有关部门负责）

2015年1月19日

著录信息：

正题名：　　　　　省人民政府关于加快推动能源生产和消费革命的指导意见

体裁分类：　　　　政策法规/政策性文件

主题分类：　　　　国土资源、能源

公文种类：　　　　意见

关键词：　　　　　能源生产;能源消费;能源发展战略

发文字号：　　　　鄂政发〔2015〕9 号

信息发布日期：　　2015 - 01 - 19

原索引号：　　　　000014348/2015 - 02436

信息发布机构：　　湖北省人民政府

信息来源：　　　　www. hubei. gov. cn

原文地址：　　　　http:∥gkml. hubei. gov. cn/auto5472/auto5473/201502/t20150217_
　　　　　　　　　619596. html

快照：　　　　　　图片快照 1. png;……
　　　　　　　　　网页快照 . html

正文：　　　　　　略

8. 通知

例 1:

黑龙江省粮食局关于印发《黑龙江省2013年政策性粮食质量验收工作方案》的通知

黑粮农〔2014〕3号 发文时间:

各市（地）、县（市）粮食局,省农垦总局粮食局:

　　现将《黑龙江省2013年政策性粮食质量验收工作方案》印发给你们,请认真组织学习,并指导区域内国家粮食质量监测站按照分工做好2013年政策性粮食质量验收工作,确保国家政策性粮食收购工作顺利开展和库存粮食储存安全。

黑龙江省粮食局
2014年1月7日

黑龙江省2013年政策性粮食质量验收工作方案

　　为做好2013年政策性粮食质量验收工作,按照中储粮黑龙江分公司、省粮食局和省农发行《关于2013年黑龙江国家政策性粮食收购质量验收工作有关事宜的通知》（中储粮黑〔2013〕278号）要求,制定本方案。

……………

库质量验收明细表（附件4—1、4—2、4—3）。

　　　　附件:1—1. 政策性粮食入库质量验收申请表

　　　　　　1—2. 政策性粮食入库验收申请（汇总）表

　　　　2. 各区域级监测站检验报告编号说明

　　　　3. 政策性粮食入库验收进度表

　　　　4—1. 政策性粮食（稻谷）入库质量验收明细表

　　　　4—2. 政策性粮食（玉米）入库质量验收明细表

　　　　4—3. 政策性粮食（大豆）入库质量验收明细表

主 题 词:

发送范围:

著录信息：

正题名： 黑龙江省粮食局关于印发《黑龙江省 2013 年政策性粮食质量验收工作方案》的通知

其他题名： 黑龙江省 2013 年政策性粮食质量验收工作方案

体裁分类： 机构文件/其他

主题分类： 农业、林业、水利/农业、畜牧业、渔业

公文种类： 通知

关键词： 政策性粮食;粮食质量监测;验收;粮食收购;工作方案

发文字号： 黑粮农〔2014〕3 号

信息发布日期： 2014－01－07

信息发布机构： 黑龙江省粮食局

信息来源： www.hlj.gov.cn

原文地址： http://app.dbw.cn/hljgov/sy_697861.shtml

附件： 政策性粮食入库质量验收申请表;政策性粮食入库验收申请(汇总)表;各区域级监测站检验报告编号说明;政策性粮食入库验收进度表;政策性粮食(稻谷)入库质量验收明细表;政策性粮食(玉米)入库质量验收明细表;政策性粮食(大豆)入库质量验收明细表

快照： 图片快照 1.png;……

　　　 网页快照.html

正文： 略

例 2：

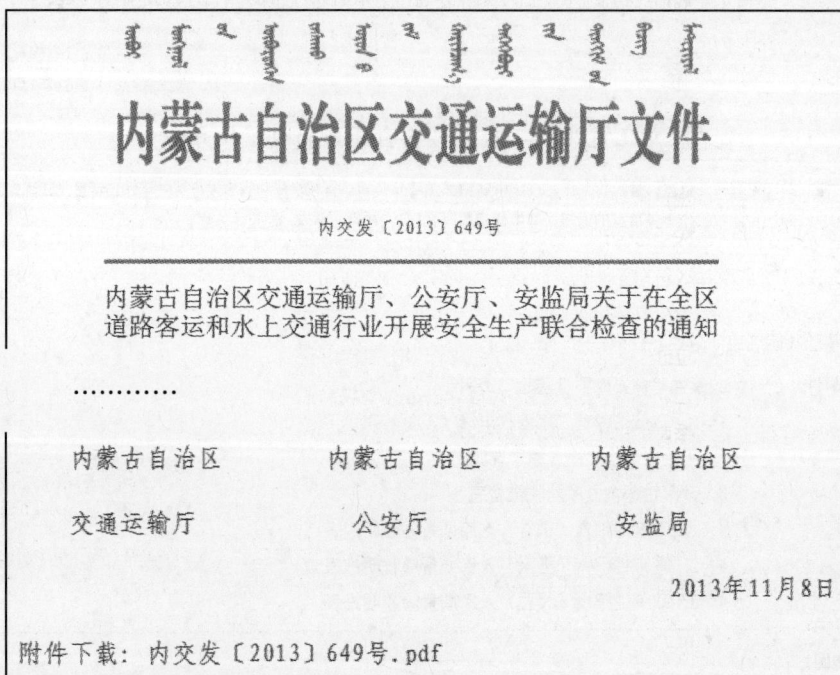

著录信息：

正题名：	内蒙古自治区交通运输厅、公安厅、安监局关于在全区道路客运和水上交通行业开展安全生产联合检查的通知
体裁分类：	机构文件/其他
主题分类：	工业、交通
公文种类：	通知
关键词：	道路客运;水上交通;安全生产;联合检查
发文字号：	内交发〔2013〕649号
信息发布日期：	2013－11－08
信息发布机构：	内蒙古自治区交通运输厅
信息发布机构：	内蒙古自治区公安厅
信息发布机构：	内蒙古自治区安监局
信息来源：	www. nmjt. gov. cn
原文地址：	http://www. nmjt. gov. cn/jtzw/wjtz/zxwj/2013/11/118117. shtml
附件：	内交发〔2013〕649号
快照：	图片快照1. png;……
	网页快照. html
正文：	略

9. 通报

例1：

浙江省国土资源厅办公室关于2014年第二、三季度矿产资源储量评审备案和储量登记情况的通报

浙土资办〔2014〕144号

各市、县（市、区）国土资源局，矿产资源储量评审机构：

根据国土资源部《关于加强矿产资源储量评审监督管理的通知》（国土资发〔2003〕136号）和《关于调整矿业权价款确认（备案）和储量评审备案管理权限的通知》（国土资发〔2006〕166号）的要求，现将2014年第二、三季度矿产资源储量评审备案情况和矿产资源储量登记情况予以通报。对矿产资源储量评审结果有异议的单位或个人，可向省国土资源厅提出复审申请。

附件：1.2014年第二、三季度矿产资源储量评审备案情况表

2.2014年第二、三季度矿产资源储量登记情况表

浙江省国土资源厅办公室

2014年12月19日

附：浙土资办〔2014〕+144号浙江省国土资源厅办公室关于2014年第二、三季度矿产资源储量评审备案和储量登记情况的通报

著录信息：

正题名： 浙江省国土资源厅办公室关于 2014 年第二、三季度矿产资源储量评审备案和储量登记情况的通报

体裁分类： 行政职权/其他

主题分类： 国有资源、能源/矿产

公文种类： 通报

关键词： 矿产；储量评审；备案；登记；浙江省；2014

发文字号： 浙土资办〔2014〕144 号

信息发布日期： 2014 – 12 – 19

信息发布机构： 浙江省国土资源厅办公室

信息来源： www. zjdlr. gov. cn

原文地址： http：//www. zjdlr. gov. cn/art/2014/12/19/art_921_14182. html

附件： 浙土资办〔2014〕+ 144 号浙江省国土资源厅办公室关于 2014 年第二、三季度矿产资源储量评审备案和储量登记情况的通报

快照： 图片快照 1. png；……
网页快照 . html

正文： 略

例2：

武汉市安全生产委员会办公室文件

武安办〔2014〕45号

市安委会办公室关于表彰2014年度

全市油气管道安全专项整治工作

先进单位、个人的通报

各区人民政府，东湖新技术开发区、武汉经济技术开发区、东湖生态旅游风景区、武汉化学工业区管委会，市有关部门，有关企业：

…………

攻坚战的部署要求，进一步加强领导，开拓创新，强化措施，扎实工作，为彻底整治全市油气管道安全隐患和保持全市安全生产形势的平稳作出新的贡献。

武汉市安全生产委员会办公室
2014年12月26日

2014年度全市油气管道安全专项整治工作先进单位和个人名单

著录信息：
正题名： 市安委会办公室关于表彰 2014 年度全市油气管道安全专项整治工作先进单位、个人的通报
体裁分类： 机构文件/奖励处罚
主题分类： 市场监管、安全生产监管/安全生产监管
主题分类： 工业、交通/化工
公文种类： 通报
关键词： 油气管道；专项整治；先进单位；先进个人；武汉市；2014
发文字号： 武安办〔2014〕45 号
信息发布日期： 2014 – 12 – 26
信息发布机构： 武汉市安全生产委员会办公室
信息来源： http://59.175.160.42
原文地址： http://59.175.160.42/aqdt/viewnews.jsp？itemID＝18&newsID＝12656
快照： 图片快照 1.png；……
 网页快照.html
正文： 略

10. 报告

例 1：

当前位置：网站首页 -> 政府信息 -> 辽宁省人民政府公报 -> 2011年 -> 第三期 -> 政府工作报告

政府工作报告

政府工作报告
——2011年1月21日在辽宁省第十一届人民代表大会第四次会议上

省 长 陈政高

各位代表：
　　现在，我代表省政府向大会报告工作，请予审议，并请省政协各位委员提出意见和建议。

…………

　　各位代表：我们已经走进了"十二五"，我们已经开始了新的征程。让我们更加紧密地团结在以胡锦涛同志为总书记的党中央周围，在中共辽宁省委的正确领导下，以更加昂扬的斗志，更加饱满的激情，奋力拼搏，建设辽宁更加美好的明天！

著录信息：
正题名： 政府工作报告

其他题名： 2011 年 1 月 21 日在辽宁省第十一届人民代表大会第四次会议上

体裁分类： 机构文件/工作报告

主题分类： 其他

公文种类： 报告

关键词： 辽宁省;政府报告;2011

信息发布机构： 辽宁省人民政府

信息来源： www. ln. gov. cn

原文地址： http://www. ln. gov. cn/zfxx/lnsrmzfgb/2011/d3q/gwywj/201105/t 20110504_652263. html

快照： 图片快照 1. png;……

网页快照. html

正文： 略

出处： 辽宁省人民政府公报 2011 年第三期

例 2：

关于报送参加全国民委系统2008年调研报告评选参评报告的报告

发文时间：

黑族办发［2008］54号   签发人：沃岭生

关于报送参加全国民委系统2008年度
调研报告评选参评报告的报告

国家民委办公厅：

按照民办发[2008]76号文件要求，现将我省参评的《黑龙江省民族干部工作调研报告》一篇报上。该文主要执行人、撰稿人是吴小平。
吴小平，女，汉族，1963年10生人，大学学历，现任黑龙江省民族事务委员会人事处处长。1985年调入省民委，先后任办公室文秘科员、干部处副主任科员、主任科员、副调研员，人事处副处长、处长（2005年）。
特此报告。

二〇〇八年十二月二十五日

著录信息：

正题名： 关于报送参加全国民委系统 2008 年调研报告评选参评报告的报告

体裁分类： 机构文件/其他

主题分类： 其他

公文种类： 报告

关键词： 民委系统;2008;调研报告;评选

发文字号： 黑族办发［2008］54 号

信息发布日期： 2008 - 12 - 25

信息来源： www. hlj. gov. cn

原文地址： http://www.hlj.gov.cn/gkml/system/2008/12/26/000224410.shtml

快照： 图片快照 1.png；……
网页快照.html

正文： 略

11. 请示

例1：

著录信息：

正题名： 关于申请高考工作经费的请示
体裁分类： 机构文件/其他
主题分类： 科技、教育/教育
公文种类： 请示
关键词： 高考；工作经费；龙井市
发文字号： 龙教报〔2014〕10号
信息发布日期： 2014－05－20
原索引号： 013611396/2014－00056
信息发布机构： 龙井市教育局
信息来源： www.ilj.gov.cn

原文地址：　　　http://www.ilj.gov.cn/zwdtSjgl/Directory/showDir.jsp？keyid＝PI201405201035040136

快照：　　　　　图片快照 1.png；……
网页快照.html

正文：　　　　　略

例 2：

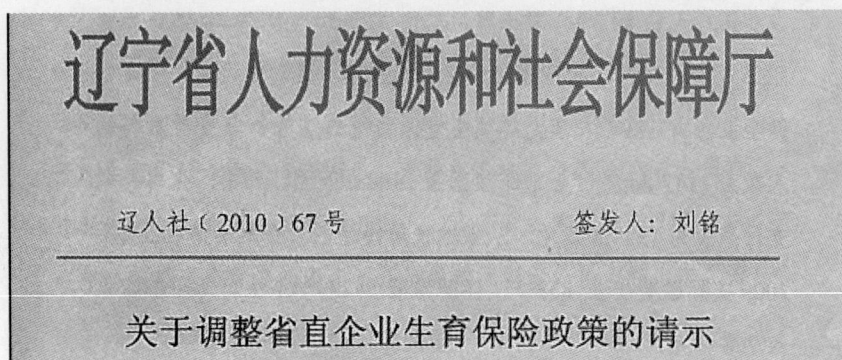

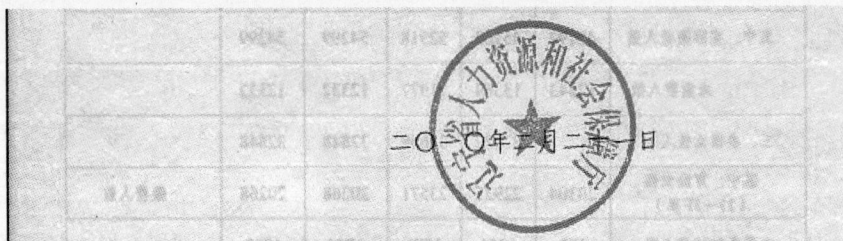

著录信息：

正题名：　　　　关于调整省直企业生育保险政策的请示
体裁分类：　　　政策法规/政策性文件
主题分类：　　　劳动、人事、监察/社会保障
公文种类：　　　请示
关键词：　　　　社会保障;生育保险;城镇企业;直属企业;政策;辽宁省
发文字号：　　　辽人社〔2010〕67 号
来源网站发布日期：　2010 - 03 - 01
信息发布日期：　　2010 - 02 - 21
信息发布机构：　　辽宁省人力资源和社会保障厅

信息来源： www. ln. hrss. gov. cn
原文地址： http://www. ln. hrss. gov. cn/ln/99/1104/2010/03/i24600. shtml
快照： 图片快照 1. png；……
网页快照 . html
正文： 略

12. 批复

例1：

甘肃省林业厅关于张掖市寺大隆林场石岗墩园林站低效残次林改造的批复

发布时间：2014-11-27 11:50 阅读次数：100 选择字号：T | T

甘林资函〔2014〕815号

张掖市林业局：

你局《关于市寺大隆林场石岗墩园林站低效残次林改造请示的报告》〔张林资发〔2014〕

…………

甘肃省林业厅

2014年11月26日

著录信息：
正题名： 甘肃省林业厅关于张掖市寺大隆林场石岗墩园林站低效残次林改造的批复
体裁分类： 行政职权/行政许可
主题分类： 农业、林业、水利/林业
公文种类： 批复
关键词： 低效残次林;林木采伐;张掖市
发文字号： 甘林资函〔2014〕815 号
来源网站发布日期： 2014 – 11 – 27
信息发布日期： 2014 – 11 – 26
信息发布机构： 甘肃省林业厅
信息来源： www. gsly. gov. cn
原文地址： http://www. gsly. gov. cn/content/2014-11-27/23124. html
快照： 图片快照 1. png；……
网页快照 . html
正文： 略

例2：

浙江省国土资源厅关于同意调整嵊州市 采矿权设置方案的批复

浙土资厅函〔2014〕732号

嵊州市国土资源局：

你局《关于要求批准嵊州市无风险采矿权设置方案调整论证报告的请示》（嵊土资〔2014〕87号）收悉。经研究，同意调整嵊州市采矿权设置方案。具体内容详见《嵊州市采矿权设置方案拟调整采矿批复表》。

附件：嵊州市采矿权设置方案拟调整采矿批复表

浙江省国土资源厅

2014年12月8日

附：浙土资厅函〔2014〕732号浙江省国土资源厅关于同意调整嵊州市采矿权设置方案的批复

著录信息：

正题名：	浙江省国土资源厅关于同意调整嵊州市采矿权设置方案的批复
体裁分类：	行政职权/其他
主题分类：	国土资源、能源/矿产
公文种类：	批复
关键词：	采矿权；嵊州市；批复
发文字号：	浙土资厅函〔2014〕732 号
信息发布日期：	2014 – 12 – 08
信息发布机构：	浙江省国土资源厅
信息来源：	www. zjdlr. gov. cn
原文地址：	http://www. zjdlr. gov. cn/art/2014/12/8/art_784_8203. html
附件：	浙土资厅函〔2014〕732 号浙江省国土资源厅关于同意调整嵊州市采矿权设置方案的批复
快照：	图片快照 1. png；…… 网页快照. html
正文：	略

13. 议案

例1：

福建省人民政府关于提请审议《官井洋大黄鱼繁殖保护区管理规定修正案（草案）》的议案

闽政文〔2010〕339号

[本网]　2010-09-03　字号：T｜T

省人大常委会：

《官井洋大黄鱼繁殖保护区管理规定修正案（草案）》已经２０１０年８月３１日福建省人民政府第５６次常务会议通过，现提请审议。

省　长：黄小晶

二〇一〇年九月三日

官井洋大黄鱼繁殖保护区管理规定修正案

（草案）

著录信息:

正题名:　　　　福建省人民政府关于提请审议《官井洋大黄鱼繁殖保护区管理规
　　　　　　　　定修正案(草案)》的议案

其他题名:　　　官井洋大黄鱼繁殖保护区管理规定修正案(草案)

体裁分类:　　　政策法规/规章

主题分类:　　　农业、林业、水利/农业、畜牧业、渔业

公文种类:　　　议案

关键词:　　　　渔业资源保护;修正案;大黄鱼

发文字号:　　　闽政文〔2010〕339 号

来源网站发布日期:　2010 – 09 – 03

信息发布日期:　2010 – 09 – 03

信息发布机构:　福建省人民政府

信息来源:　　　www. fujian. gov. cn

原文地址:　　　http://www. fujian. gov. cn/zwgk/zxwj/szfwj/201009/t20100930_
　　　　　　　　303322. htm

快照:　　　　　图片快照 1. png;……
　　　　　　　　网页快照 . html

正文:　　　　　略

例2:

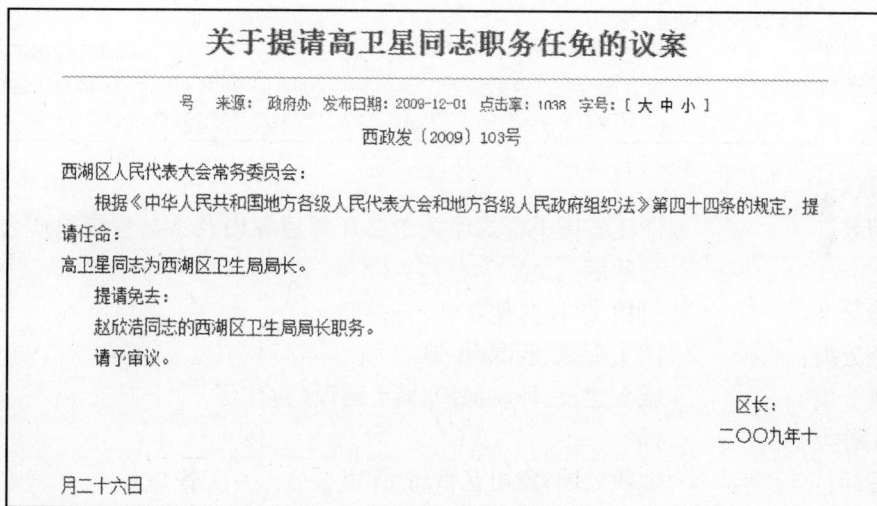

著录信息:

正题名:　　　　关于提请高卫星同志职务任免的议案

体裁分类:　　　机构文件/人事任免

主题分类:　　　劳动、人事、监察/人事工作

公文种类:　　　议案

关键词:　　　　人事任免;高卫星;赵欣浩

发文字号:　　　西政发〔2009〕103 号

来源网站发布日期： 2009 - 12 - 01
信息发布日期： 2009 - 10 - 26
信息发布机构： 杭州市西湖区人民政府
信息来源： www. hzxh. gov. cn
原文地址： http://www. hzxh. gov. cn/art/2012/12/14/art_chnl815_29422. html
快照： 图片快照 1. png；……
网页快照 . html
正文： 略

14. 函

例 1：

浙江省国土资源厅关于召开拟建象山花岙岛省级地质公园评审会的函

浙土资厅函〔2014〕727号

象山县人民政府，各有关单位和专家：

根据省国土资源厅《关于印发浙江省省级地质公园申报工作指南的通知》（浙土资厅函〔2005〕83号）规定，定于2014年12月9日（星期二）下午14：30在省国土资源厅（杭州市西溪路118号）11楼会议室召开拟建象山花岙岛省级地质公园评审会，会期半天，请有关评审专家和相关人员准时参会。

省国土资源厅联系人：万龙电话：0571-88877910

附：有关评审专家及参会人员

浙江省国土资源厅
2014年12月7日

附：浙土资厅函〔2014〕727号浙江省国土资源厅关于召开拟建象山花岙岛省级地质公园评审会的函

著录信息：

正题名： 浙江省国土资源厅关于召开拟建象山花岙岛省级地质公园评审
会的函
体裁分类： 机构文件/其他
主题分类： 国土资源、能源/土地
主题分类： 城乡建设、环境保护/城乡建设（含住房）
公文种类： 函
关键词： 地质公园；象山花岙岛；评审
发文字号： 浙土资厅函〔2014〕727 号
信息发布日期： 2014 - 12 - 07
信息发布机构： 浙江省国土资源厅
信息来源： www. zjdlr. gov. cn
原文地址： http://www. zjdlr. gov. cn/art/2014/12/8/art_1482_521. html
附件： 浙土资厅函〔2014〕727 号浙江省国土资源厅关于召开拟建象山
花岙岛省级地质公园评审会的函

快照： 图片快照 1. png；……
网页快照 . html

正文： 略

例 2：

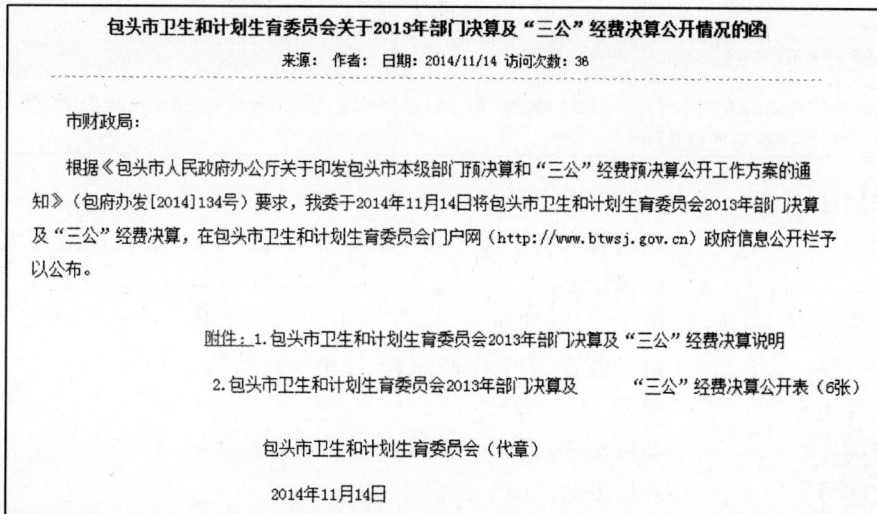

包头市卫生和计划生育委员会关于2013年部门决算及"三公"经费决算公开情况的函
来源： 作者： 日期：2014/11/14 访问次数：36

市财政局：

根据《包头市人民政府办公厅关于印发包头市本级部门预决算和"三公"经费预决算公开工作方案的通知》（包府办发[2014]134号）要求，我委于2014年11月14日将包头市卫生和计划生育委员会2013年部门决算及"三公"经费决算，在包头市卫生和计划生育委员会门户网（http://www.btwsj.gov.cn）政府信息公开栏予以公布。

附件：1.包头市卫生和计划生育委员会2013年部门决算及"三公"经费决算说明
2.包头市卫生和计划生育委员会2013年部门决算及 "三公"经费决算公开表（6张）

包头市卫生和计划生育委员会（代章）
2014年11月14日

著录信息：

正题名： 包头市卫生和计划生育委员会关于2013年部门决算及"三公"经费决算公开情况的函

体裁分类： 机构文件/财政预决算

主题分类： 综合政务/政务督查

公文种类： 函

关键词： 部门决算；三公经费；信息公开；包头市；2013

来源网站发布日期： 2014 - 11 - 14

信息发布日期： 2014 - 11 - 14

信息发布机构： 包头市卫生和计划生育委员会

信息来源： www. btwsj. gov. cn

原文地址： http://www. btwsj. gov. cn/contents/8/9952. html

附件： 包头市卫生和计划生育委员会2013年部门决算及"三公"经费决算说明；包头市卫生和计划生育委员会2013年部门决算及"三公"经费决算公开表（6张）

快照： 图片快照 1. png；……
网页快照 . html

正文： 略

15. 纪要

例 1：

湖南省煤炭管理局关于煤矿企业安全生产责任保险有关工作的会议纪要

湘煤安监（2012）205号

作者：佚名　文件通知来源：本站原创　点击数：1745　更新时间：2013-01-09

湖南省煤炭管理局办公室　　　　　　2012年12月17日

12月11日下午，局长李联山主持召开了局长办公会议，专题研究煤责险推广有关工作。副局长郝去吾、张八旬、曾平江、总工程师赵军和纪检组长彭正奇，以及安监、行管、人事、财务、规划、办公室等处室负责人参加了会议。

著录信息：

正题名：　　　　　湖南省煤炭管理局关于煤矿企业安全生产责任保险有关工作的
　　　　　　　　　会议纪要

体裁分类：　　　　机构文件/其他

主题分类：　　　　市场监管、安全生产监管/安全生产监管

公文种类：　　　　纪要

关键词：　　　　　会议纪要；煤矿企业；安全生产；湖南省

发文字号：　　　　湘煤安监〔2012〕205号

来源网站发布日期：2013-01-09

信息发布日期：　　2012-12-17

信息发布机构：　　湖南省煤炭管理局办公室

信息来源：　　　　www.hunancoal.gov.cn

原文地址：　　　　http://www.hunancoal.gov.cn/wenjfb/ShowArticle.asp? ArticleID = 3804

快照：　　　　　　图片快照1.png；……

　　　　　　　　　网页快照.html

正文：　　　　　　略

例2：

索引号：	XM03204-3002-2012-00045		文　号：	集街办专（2012）10号
发布机构：	集美街道		发文日期：	2012-12-12
名　称：	关于2013年上半年集美街道居民最低生活保障的专题会议纪要			
摘　要：	街道召开最低生活保障审核工作领导小组成员会议，听取了各社区低保、低收入户调查小组关于下半年低保、低收入申请及入户调查的具体情况的汇报，纪检、计生、综治、街政办等部门人员通报了联合入户调查的情况，就2013年上半年各社区上报的最低生活保障对象及低收入对象进行审核。			
主题词：	民政 生活保障 会议纪要			

关于2013年上半年集美街道居民最低生活保障的专题会议纪要

时间：2012-12-12 [大 中 小] 阅读数：570

12月12日上午，街道办事处陈雅爱副主任主持召开街道最低生活保障审核工作领导小组成员会议。会议听取了各社区低保、低收入户调

············

3、2013年上半年集美街道低收入户花名册

集美街道办事处

二〇一二年十二月十二日

抄送：区民政局

集美街道党政办　　　　　　2012年12月12日印发

存档3份，共印15份

附件下载

· 集街办专10附件：关于2013年上半年集美街道居民最低生活保障的专题会议纪要.xls

著录信息：

正题名：　　　关于 2013 年上半年集美街道居民最低生活保障的专题会议纪要

体裁分类：　　机构文件/其他

主题分类：　　民政、扶贫、救灾/扶贫

公文种类：　　纪要

关键词：　　　最低生活保障；会议纪要；厦门市

发文字号：　　集街办专〔2012〕10 号

来源网站发布日期：　2012 - 12 - 12

信息发布日期：　2012 - 12 - 12

原索引号：　　XM03204 - 3002 - 2012 - 00045

信息发布机构：　集美街道办事处

信息来源：　　www. jimei. gov. cn

原文地址：　　http://web. jimei. gov. cn/jimei/document/t_9792. html

附件：　　　　集街办专 10 附件：关于 2013 年上半年集美街道居民最低生活保障的专题会议纪要

快照：　　　　图片快照 1. png；……

　　　　　　　网页快照 . html

正文：　　　　略

参考文献

［1］《党政机关公文处理最新规范读本》编写组．党政机关公文处理最新规范读本［M］．北京：国家行政学院出版社,2012.

［2］张保忠．党政机关公文处理工作条例释义与实务全书［M］．北京：人民出版社,2012.

［3］刘访．党政机关公文处理工作条例精解与范例［M］．北京：中国法制出版社,2014.

［4］岳海翔．最新公文写作实用大全［M］．北京：中国文史出版社,2013.

［5］周瑛．文书学［M］．长春：吉林大学出版社,2011.

［6］费文升．文书撰拟与处理［M］．合肥：合肥工业大学出版社,2005.

［7］罗豪才,湛中乐．行政法学［M］.2版．北京：北京大学出版社,2006.

［8］高原．领导干部必知法律法规百问百答［M］．北京：企业管理出版社,2002.

［9］国家图书馆《中国文献编目规则》修订组．中国文献编目规则［M］.2版．北京：北京图书馆出版社（今国家图书馆出版社）,2005.

［10］肖珑,申晓娟．国家图书馆元数据应用总则规范汇编［M］．北京：北京图书馆出版社（今国家图书馆出版社）,2011.